Rudolf Sanders

Zwei sind ihres Glückes Schmied

Ein Selbsthilfe-Programm für Paare

Rudolf Sanders

Zwei sind ihres Glückes Schmied

Ein Selbsthilfe-Programm für Paare

Junfermann Verlag • Paderborn
1998

Covergestaltung: Petra Friedrich

Satz: La Corde Noire – Peter Marwitz, Kiel

Die Deutsche Bibliothek – CIP-Einheitsaufnahme
Sanders, Rudolf:
Zwei sind ihres Glückes Schmied: Ein Selbsthilfe-Programm für Paare / Rudolf Sanders. –
Paderborn: Junfermann, 1998.
ISBN 3-87387-393-1

ISBN 3-87387-393-1

Inhalt

So erreichen Sie den Autor:
www.online.de/home/Dr.Sanders
Hier finden Ratsuchende weitere Informationen.

Zwei sind auf jeden Fall besser dran als einer allein. Wenn zwei zusammenarbeiten, bringen sie es eher zu etwas. Wenn zwei unterwegs sind und einer hinfällt, dann hilft der andere ihm wieder auf die Beine; aber wer alleine geht, ist übel dran, wenn er fällt, weil keiner ihm helfen kann. Wenn es kalt ist, können zwei sich gegenseitig wärmen, aber wie soll sich einer allein warm halten? Einer allein kann leicht überwältigt werden, aber zwei wehren den Überfall ab.

(Kohelet 4,9-12)

Dieses Buch ist *Leslie H. Neal* gewidmet. Er war Friseur in Cambridge, England. In den Jahren 1965-1985 hat er sich mit großem liebevollem Engagement im Rahmen der Weltpfadfinderbewegung für die Versöhnung und Partnerschaft zwischen englischen und deutschen Kindern, Jugendlichen und Erwachsenen eingesetzt. Seine Freundschaft und Menschenliebe haben mich sehr reich gemacht.

Liebe Leserin und lieber Leser,
hören Sie zunächst einmal von Robert und Judith, einem ganz normalen Ehepaar:

„Vor zwölf Jahren haben wir uns kennengelernt. Ich heiße Robert, und meine Frau heißt Judith. Es war bei einer Feier unserer Clique. Ein Freund von mir hatte Judith mitgebracht. Schon auf den ersten Blick gefiel sie mir. Und ich war für sie auch interessant. An dem Abend sind wir uns dann nähergekommen. Was waren das für schöne Zeiten. Wir hatten ganz viel Spaß beim Sex und überhaupt haben wir uns gut verstanden. Man kann sagen, wir waren ein Herz und eine Seele, alles lief mir leichter von der Hand. Auch in meinem Beruf, ich bin Tischler, konnte ich viel beschwingter arbeiten. Ja, ich glaube, es war der siebte Himmel. Nach zwei Jahren, als wir eine schöne kleine Wohnung gefunden hatten, zogen wir dann zusammen. Manchmal gab es kleine Auseinandersetzungen, aber die haben unsere Beziehung nicht belastet.

Als sich unser erstes Kind anmeldete, haben wir geheiratet. Als Kathrin dann da war, ging es mit unserer Beziehung erst einmal bergab. Judith hatte kaum noch Zeit für mich, der Haushalt lief auch nicht mehr richtig, und wenn ich von der Arbeit nach Hause kam, mußte ich mir oft das Essen noch selbst warm machen. Nach drei Jahren kam dann unser Michael, und seitdem hat Judith überhaupt keine Zeit mehr für mich. Da ich viel arbeiten muß, kommt mir das ganz gelegen. Vor zwei Jahren sind wir in unser Reihenhaus gezogen. Ich konnte selbst sehr viel in Eigenleistung machen. Auch Freunde haben mir beim Bau des Hauses geholfen, sonst hätten wir uns das nicht leisten können.

Vor drei Wochen habe ich mit Freunden ein Feuerwehrfest besucht. Hier habe ich Ilse kennengelernt, ich bin völlig verliebt in sie. Ich weiß jetzt nicht mehr, was ich machen soll. Auf der einen Seite habe ich Judith noch ganz gerne, ich freue mich an meinen Kindern, aber irgendwie habe ich das Gefühl, in meinem Leben zu kurz gekommen zu sein. Vielleicht werde ich mich von Judith trennen und zu Ilse ziehen. Denn auch Ilse ist ganz verliebt in mich und möchte mit mir zusammenleben. Auch der Sex ist mit Ilse viel besser als mit Judith. Irgendwie hat eben im Laufe der Zeit die Spannung und Anziehung zwischen mir und Judith nachgelassen."

„Ich heiße Judith und bin mit Robert verheiratet. Seit zwei Wochen ist für mich eine Welt zusammengebrochen. Plötzlich will er ausziehen und mit dieser Ilse leben. Ich bin ganz traurig darüber und frage mich, was habe ich falsch gemacht. Sicherlich habe ich Robert ein wenig in den letzten Jahren vernachlässigt, aber unser Michael hatte eine angeborene Bewegungsstörung, so daß ich mit ihm regelmäßig zur Krankengymnastik gehen mußte. Auch habe ich es nicht ganz leicht mit Roberts Eltern. Irgendwie kann ich ihnen es nicht recht machen. Wenn sie uns besuchen, kritisieren sie, besonders seine Mutter, an allem herum. Ich gebe mir ja ganz viel Mühe, aber ich schaffe es nicht, es ihnen recht zu machen. Eigentlich hätten sie sich eine andere Schwiegertochter für ihren Sohn gewünscht, der ja einmal den Betrieb vom Vater übernehmen soll.

Auch über mich selbst ärgere ich mich. Die ganzen Jahre habe ich darauf gewartet, daß Robert abends nach Hause kommt, aber er mußte immer im Betrieb seines Vaters länger arbeiten. Freundinnen haben mich ab und an eingeladen, aber meistens habe ich abgesagt, weil ich ja die wenige Zeit, die mein Mann zu Hause war, auch mit ihm zusammen sein wollte. Dann der Hausbau. Auch hier haben wir uns kaum gesehen. Oftmals fühlte ich mich mit meinen beiden Kindern völlig überfordert und hätte seine Hilfe gebraucht. Aber ich konnte es ihm nicht sagen, denn ich habe dieses Haus ja auch gewollt. Im Moment bin ich nur noch verzweifelt, weine viel und habe ganz große Angst davor, daß ich hier ganz alleine sitze und Robert mich verläßt ..."

Leider enden viele ähnliche Liebesgeschichten, die einmal voller Hoffnung und Elan angefangen haben, mit einer Trennung der Partner. Das muß nicht sein! Es ist möglich, eine Beziehung zu ändern und neue Wege miteinander als Paar zu gehen, an die tiefen Gefühle von damals anzuknüpfen, ja sie sogar noch zu steigern. Untersuchungen haben gezeigt, daß etwa 80 Prozent der Scheidungen nicht notwendig sind. Menschen sind lernfähige Wesen und deshalb in der Lage, sich im Laufe ihres Lebens so zu verändern, daß sie relativ glücklich und zufrieden leben können.

Dieses Buch will Ihnen dabei helfen, Ihr eigener Eheberater, Ihre eigene Eheberaterin zu werden. Und wenn Sie alleine nicht weiter wissen, hilft es Ihnen vielleicht auch, den Mut zu finden, um eine Eheberatung zu konsultieren.

Vorwort

Dieses Buch ist entstanden auf dem Hintergrund meiner Erfahrungen mit Erwachsenen in der Ehevorbereitung, Ehebegleitung und -beratung. Dabei hat mich die Frage herausgefordert: „Was läßt eine Ehe, eine Partnerschaft und dann eine Familie **heute** gelingen?“

Hilfreich bei der Beantwortung dieser Herausforderung waren zunächst meine Erfahrungen in sozialer Gruppenarbeit, die ich in mehr als zwanzig Jahren Tätigkeit im Rahmen der DPSG (Deutsche Pfadfinderschaft St. Georg) machen durfte. Hier hatte ich erlebt, wie es geht, partnerschaftlich zusammenzuarbeiten, Projekte umzusetzen und insbesondere miteinander zu leben. Ferner habe ich hier sehr intensiv gespürt, welch heilsame Kraft in einer Gruppe liegt, wenn in ihr eine streßfreie Atmosphäre herrscht, wenn jeder mit seinen unterschiedlichen Fähigkeiten gefragt ist und diese zum Wohl des Ganzen einsetzen kann.

In der Arbeit mit Erwachsenen habe ich immer wieder erlebt, daß ihre Lernprozesse dann besonders intensiv und erfolgreich sind, wenn sie selbst an diesen Prozessen aktiv beteiligt sind, wenn das, was vermittelt wird, sich möglichst an ihrem Erleben orientiert. (Deshalb sind die Texte des Buches mit Übungen versehen, mit deren Hilfe man sich einen noch ganzheitlicheren Ansatz des Verstehens eröffnen kann.)

Und keinesfalls wollen Erwachsene, daß ihre Versuche, ihr Leben zu gestalten, bewertet oder moralisierend beurteilt werden, nach dem Motto: *„Sie sollten auch ein wenig netter zu Ihrer Frau sein, ihr z.B. besser zuhören oder ihr auch einmal Blumen mitbringen!“* Sie legen – bei allen Problemen und Schwierigkeiten, die sie haben – Wert darauf, daß die Praxis ihres Miteinander in der Beziehung geachtet wird.

Hilfreich bei der Entwicklung des integrativen paartherapeutischen Ansatzes waren und sind meine alltäglichen Erfahrungen in meiner Ehe, mit meiner Frau

Christiane und mit meinen Kindern *Simon, Johannes* und *Franziska*. Ihnen sage ich dafür Dank.

Bei der Suche nach Wegen, heute in Partnerschaft zu leben, ist und war für mich auch die wissenschaftliche Auseinandersetzung mit dem Thema wichtig. Hier sind insbesondere zwei Ansätze zu nennen, die mir eine Menge an Anregungen bieten: der Selbstmanagement-Ansatz von *Frederik Kanfer* und der Ansatz der Integrativen Therapie von *Hilarion Petzold*.

Ich danke den vielen Kolleginnen und Kollegen, die ich in den letzten Jahren im Rahmen meiner Beratungsarbeit kennenlernen durfte. Ich danke für kritische Auseinandersetzung, für Ermunterung, für Solidarität.

Mein ganz besonderer Dank gilt zwei lieben Kolleginnen, mit denen ich viele paartherapeutische Seminare geleitet habe. Beiden, *Evamarie Bode*, Juristin und Dipl. Eheberaterin, und *Petra Dinkhoff*, Oberstudienrätin für Erziehungswissenschaften und Deutsch, danke ich für die Durchsicht des Manuskriptes und für geduldige fachliche und stilistische Korrektur. Ferner danke ich einer ehemaligen Klientin, die die Erlaubnis zum Abdruck einiger ihrer Gedichte gegeben hat. Durch diese wird aus der Sicht einer Betroffenen deutlich, was sich im Herzen und im Kopf abspielen kann, wenn sich jemand auf einen Veränderungsprozeß einläßt.

Für Menschen, die als Paar relativ zufrieden sind, können die Texte und die beigefügten Übungen Anregung sein, ihr Miteinander zu bereichern. Denen, die Schwierigkeiten haben, zeigt es durch Informationen und Übungsangebote Wege auf, ihre Probleme zu verstehen und selbst zu lösen. Für solche, die ihr eigenes Mühen durch Eheberatung oder Paartherapie begleiten lassen, werden in diesem Buch die Ergebnisse der wissenschaftlichen Pädagogik und Psychologie nahegebracht, damit sie ihren Weg der Bewältigung optimal mitgestalten können. Denen, die bisher die Lösung ihrer Paarprobleme in Trennung und Scheidung gesehen haben, soll es Mut machen, nach möglichen anderen Lösungen zu suchen.

Die Aussagen des Buches sind weitgehend empirisch überprüft, allerdings wird aus Gründen einer leichten Lesbarkeit auf Quellenangaben im Text verzichtet. Lediglich an dieser Stelle wird auf die therapeutischen Grundlagen verwiesen. Dabei handelt es sich insbesondere um die Integrative Therapie (*Petzold* 1993), das Selbstmanagement-Training (*Kanfer*, *Reinecker*, *Schmelzer* 1991/1996) und die Integrative Paartherapie (*Sanders* 1997). In der Literaturangabe wird auf weitere Quellen hingewiesen.

Herdecke, Juli 1998
Dr. Rudolf Sanders

1. Ehe, Familie und Partnerschaft sind „in“!

Unvermindert groß ist in Deutschland der Wunsch zu heiraten, eine Familie zu gründen und in ihr zu leben. So sagten etwa 90% der Bevölkerung Anfang der 90er Jahre, in Zukunft mehr Wert auf das Familienleben legen zu wollen. Vergleichende Untersuchungen bei unseren europäischen Nachbarn kommen zu ähnlichen Ergebnissen.

Dagegen scheint die Realität eine andere Sprache zu sprechen. Die Scheidungsziffern steigen und haben z.B. 1996 einen neuen Höchststand nach dem Krieg erreicht.

Beziehungs- und Interaktionsstörungen in der Ehe veranlassen viele Menschen, deren Lösungen in einer Trennung und Scheidung zu sehen. Die Folgen einer solchen Problemlösung sind allerdings nachgewiesenermaßen höchst bedenklich: Depressionen, schwere Streßtraumata, Suizidgedanken und Suizidversuche oder psychosomatische Krankheiten, wie Schlafstörungen, Herz- und Magenbeschwerden. Ja, allein die Tatsache, einer Trennung und Scheidung ausgesetzt zu sein, kann für die Betroffenen zu einer so schwerwiegenden Belastung werden, daß dies zu einer deutlich geringeren Lebenserwartung führt.

Für betroffene Kinder sind die Folgen existentiell entscheidend und lebensprägend. Sie reagieren mit psychischen Störungen und Auffälligkeiten sowie Schulversagen. In Langzeitstudien konnte nachgewiesen werden, daß Kinder mit einer Scheidung wesentlich schlechter fertig werden als ihre Eltern. Zum einen wird der alltägliche Streit mit der Scheidung zumeist gar nicht beendet, sondern wird von der Wohnung weg in Brief- und Telefonkontakten oder im Rahmen der Besuchsregelung fortgesetzt. Zweitens zeigen die Untersuchungen, daß durch die elterliche Trennung das gesamte spätere Leben des Kindes überschattet wird, bis hin zu der erschwerten Gestaltung der eigenen Partnerschaft. Die betroffenen Kinder fallen häufig in Depressionen und zeigen Wut- und Zornausbrüche, schulisch stellen sie einen verhältnismäßig hohen Anteil an Versagern. Überrepräsentativ leiden sie als

Erwachsene an Bindungs- und Verlustängsten und haben größere Scheu, dauerhafte Beziehungen einzugehen. Am gravierendsten leiden sie aber unter Schuldgefühlen, die Ehe der Eltern nicht haben retten zu können.

Eine bewährte Möglichkeit, die Folgen von Trennung und Scheidung für die Betroffenen zu mildern bzw. zu managen, ist der Weg der „Mediation". Mit Hilfe eines Mediators wird versucht, jenseits einer gerichtlichen Auseinandersetzung sich vor und auch nach der gerichtlichen Scheidung miteinander zu arrangieren.

Ein anderer Weg, Beziehungs- und Interaktionsstörungen in der Ehe zu bewältigen, wäre der Versuch, diese als Aufforderung zu persönlichem Wachstum und Reifung innerhalb der Ehe zu verstehen. So könnte man sich fragen: Was bedeuten diese Schwierigkeiten? Wo haben sie ihre Quellen? Was will **ich** entwickeln, um die Probleme zu bewältigen?

Dieser Weg, sich seinen Problemen zu stellen und sie zu bewältigen, wurde in den letzten Jahren an der Eheberatungsstelle Hagen – Iserlohn – Menden entwickelt. Dabei unterstützen die Berater♥ die Ratsuchenden in ihrem Bemühen, ihre Probleme zu klären und zu bewältigen. Dieser begleitete und unterstützte Selbstheilungsprozeß wird „Integrative Paartherapie" genannt. Seine Effektivität und Effizienz wurde im Rahmen einer Untersuchung, an der Klienten der Ehe-, Familien- und Lebensberatungsstelle Hagen – Iserlohn – Menden sich beteiligten, eindrucksvoll belegt.

Diese verstehen jetzt viel besser ihre eigene Situation (Männer zu 75% weitgehend bzw. vollkommen; Frauen zu 82%) und sind jetzt in der Lage, ihre augenblicklichen Schwierigkeiten und Probleme einzuordnen: *„Ich kann jetzt die Ursachen für meine Probleme in der Partnerbeziehung, die in meiner Kindheit liegen, sowohl vom Verstand als auch vom Gefühl (Körpererfahrung) klarer begreifen."* *

Sie bekamen mehr Einsicht in die Situation des Partners (Frauen zu 56%; Männer zu 64%) und fühlen sich selbst (zu 50% die Frauen bzw. zu 53% die Männer) „weitgehend" bzw. „vollkommen" vom Partner verstanden. So sind sie in der Lage *„zu beginnen, sich selbst und den Partner so anzunehmen und zu lieben, wie er ist und wie er geworden ist"*.

♥Leider ist es mir an vielen Stellen nicht gelungen, Bezeichnungen zu finden, die Männer und Frauen gleichermaßen meinen, ohne den Text sprachlich holperig zu machen. Insofern sind alle Bezeichnungen geschlechtsneutral zu verstehen. Es sind immer Berater und Beraterinnen, Klienten und Klientinnen gemeint.

* Bei den kursiv gedruckten Äußerungen handelt es sich um wörtliche Zitate aus der Untersuchung.

Sie ändern ihre Vorstellungen dahingehend, daß sie ein lebbares Ehebild entwickeln, das sich etwa dadurch auszeichnet, daß sie lernen, „*Verantwortung für sich selbst und ihre Gefühle zu übernehmen*" und „*vorhandene Angst, Sorgen und Leid nicht mehr als Scheidungsgrund zu sehen, sondern sie neu einordnen zu lernen und sie anders zu bewerten*". 82% der Frauen und 79% der Männer bestätigen, daß die Beratung ihnen „*Mut gemacht hat*".

Insbesondere berichten die Klienten davon, daß sie beziehungsfördernde Verhaltensmuster erlernen. Sie haben gelernt, „*nicht alles Glück ausschließlich vom Partner zu erwarten, sondern zunächst zu sich selbst gut zu sein*". Sie achten jetzt darauf, „*ihren Partner zu Ende reden zu lassen und wirklich das zu erfassen, was er sagt*". Sie beginnen, „*Wünsche und Forderungen mitzuteilen, auch wenn diese nicht alle erfüllt werden können*". Sie haben gelernt, „*vor Konflikten und Schwierigkeiten nicht wegzulaufen, sondern sie zu meistern und so wieder aufeinander zuzugehen*".

Zu 66% bestätigen die Männer und die Frauen zu 62%, daß sie nach der Beratung sich imstande fühlen, auftretende Schwierigkeiten zu überwinden und folglich nicht mehr die einzige Lösung in einer Trennung sehen. So unterstreichen 50% der Frauen und 58% der Männer, daß sich ihre Beziehung „weitgehend" bzw. „vollkommen" gefestigt hat.

Betroffene Kinder scheinen von den paartherapeutischen Erfolgen ihrer Eltern besonders zu profitieren. Im Zusammenleben wird es „*spürbar entspannter und harmonischer*". „*Wut auf den Partner wird nicht mehr an den Kindern ausgelassen.*" Dadurch, daß die Eltern „*besser für sich selbst sorgen*" lernen, können sie auch den Kindern „*mehr Freiraum lassen*". Kinder reagieren auf die geänderte Atmosphäre mit „*entspannten Gesichtszügen*".

Aufgrund der Ergebnisse läßt sich zusammenfassend ferner vermuten, daß Frauen durch die Integrative Paartherapie in der Gestaltung des Zusammenlebens insgesamt selbstbewußter werden. Das hat dann für Männer die „Nebenwirkung", daß sich die Konflikthaftigkeit im Bereich der Haushaltsführung erhöht. Dies läßt auf gewachsene Gleichberechtigung und die damit verbundene Auseinandersetzung um die Haushaltsführung schließen.

Lediglich 7% der Ratsuchenden kamen nach dem Beratungsprozeß zu dem Ergebnis, sich zu trennen. In 93% der Fälle erarbeiteten sich die Paare neue Wege, unter anderen Vorzeichen ihre Partnerschaft fortzusetzen.

Interessant ist es, einmal zu lesen, was Partner, die sich getrennt haben, nach Abschluß ihrer gemeinsamen Paartherapie aufgeschrieben haben:

➤ „*Geholfen hat mir, daß ich auf neutralem Boden mit meinem Mann reden konnte, ohne daß es gleich zu Auseinandersetzungen kam. Ohne die Beratung wären wir wohl kaum in der Lage gewesen, die Trennung so ohne Streit und Gerangel um die Kinder zu vollziehen. Wir haben jetzt gemeinsames Sorgerecht, und die Kinder sehen ihren Vater dreimal in der Woche, was auch meist ohne größere Probleme funktioniert.“*

- *„Die Therapie hat mir geholfen, die bereits durch meine Frau vollzogene Trennung zu begreifen. Ich fing an, über Prioritäten in meinem Leben nachzudenken, meiner Partnerin »zuzuhören«, Schmerz über die Trennung zuzulassen. Dabei waren die Beratungstermine ein Fixpunkt, ein Ruhepol in der Woche. Ich konnte zu meiner ehemaligen Partnerin eine Beziehung »sui generis« entwickeln, die nicht Partnerschaft und auch nicht »wir bleiben die besten Freunde« ist. Heute haben wir beide eine authentische, nicht sehr enge, aber innige Freundschaft und Verbundenheit.“*

In beiden Aussagen wird deutlich, daß, wenn Trennung und Scheidung das Ergebnis eines therapeutischen Prozesses sind, dies zum Wohl aller Beteiligten, also auch der Kinder, beiträgt. Die spätere Beziehung der ehemaligen Partner bzw. die Wahrnehmung der nachehelichen Elternschaft läßt sich dann in Würde, in Selbst- und Fremdachtung gestalten.

Die Risiken von Trennung und Scheidung für betroffene Kinder werden möglichst gering gehalten, und die Kinder passen sich dann am einfachsten an die Situation an, wenn

- die Beziehung zwischen den getrennt lebenden Eltern offen und mit minimalen Konflikten abläuft,
- die Kinder die Scheidung der Eltern verstehen und sich selbst keine Schuld an den Familienkonflikten oder gar an der Trennung der Eltern geben,
- sie über das Fehlen des abwesenden Elternteils trauern dürfen.

Dafür ist Voraussetzung, daß die Eltern selbst den Sinn ihrer Scheidung verstehen und daß sie über den Verlust des Partners auch zu trauern lernen. Dies werden dann wesentliche Inhalte eines paartherapeutischen Prozesses, wenn deutlich wird, daß sich das Paar im Anschluß daran trennen will.

Paare, die als Eltern für Kinder sorgen, haben – und das ist den wenigsten bekannt – einen Rechtsanspruch auf Partnerschaftsberatung. Der § 17 KJHG (Kinder- und Jugendhilfegesetz) gesteht Eltern Beratung zu in Fragen des Aufbaus einer Partnerschaft und der Bewältigung ihrer familiären Konflikte und Krisen. Falls es doch zu Trennung und Scheidung kommt, sollen mit Hilfe der Beratung in partnerschaftlicher Weise Lösungen im Sinne des Kindeswohls gemeinsam erarbeitet werden.

Wenn Eltern dieses Beratungsangebot in Anspruch nahmen, veränderten sich bei ihnen nach der obigen Untersuchung „Konflikte in der Kindererziehung" signifikant positiv.

Grundlage für die beschriebene Art der Problemlösung ist die Integrative Paartherapie. In ihr wird davon ausgegangen, daß das jetzige „Problem" – auch wenn es oftmals noch gar nicht klar definierbar ist – im Miteinander einen **Sinn** hat. Diesen gilt es im gemeinsamen therapeutischen Prozeß zu entdecken. Bekommt das Problem Kontur, d.h. wird es beschreibbar, benennbar, dann läßt es sich auch bewältigen. Die Lösung der Paarkrise liegt dann nicht im Auseinandergehen, sondern in einer neuen, reiferen Art des Miteinander-Umgehens.

Chance

Ich sehe zwanzig Jahre Beziehung
immer noch als Chance
durch das Wissen,
um die Stärken und Schwächen des Partners
auf andere, neue Art
wieder zueinander zu finden.
Es gibt vieles,
was nicht erst ertastet
oder gar erkämpft werden muß.
Natürlich ist es am Anfang jeder neuen Beziehung
sehr aufregend.
Aber zeigt es sich nicht erst später,
wenn auch der Alltag seinen Einzug gehalten hat,
ob man auch wirklich miteinander auskommt –
zusammenpaßt?

Zusammenfassung

Es gibt verschiedene Möglichkeiten, mit Problemen in der Ehe umzugehen. In diesem Buch soll die Beschäftigung mit der Frage: „Was fördert das Zusammenleben von Frau und Mann in Partnerschaft?" als Problemlösung vorgestellt werden.

2. Selbsthilfe und Eheberatung – gegenseitige Ergänzung

Wenn Partner miteinander vor Problemen stehen, versuchen sie, diese gemeinsam zu lösen. Bücher wie dieses, können diesen Prozeß unterstützen. Kommt man aber mit der Selbsthilfe an seine Grenzen, tritt man vielleicht mit aller Kraft auf der Stelle und bewegt sich doch nicht, ist zu überlegen, ob eine Eheberatung bzw. Paartherapie ein möglicher Weg sein könnte, Schwierigkeiten als Paar zu klären und zu bewältigen. Dazu sollen einige grundsätzliche Überlegungen zu einer Therapie und zur Qualifikation und Aufgabe eines Eheberaters vorgestellt werden.

Zuallererst gilt es zu betonen, daß Menschen immer Experten über sich selbst sind. Sie übergeben also nicht (wie vielleicht bei einem Arzt) ihre Verantwortung an den Therapeuten, sondern sie sind „Co-Therapeut" ihres Heilungsprozesses. Sie übernehmen aktiv Mitverantwortung für den Erfolg dieses Prozesses. So haben sie z.B. dafür zu sorgen, daß nichts gegen ihren Willen geschieht oder daß sie nicht etwas tun, was gegen ihr Gefühl spricht, weil der Therapeut ja als „Fachmann" irgend etwas vorschlägt. Ratsuchende haben ein ausdrückliches Recht auf Widerstand.

So werden zu Beginn einer Integrativen Paartherapie in einer Gruppe alle Teilnehmer auf dieses Recht aufmerksam gemacht. Ihnen wird gesagt, daß keiner bei irgendeiner Übung, bei irgendeiner Bewegungssequenz mitmachen **muß**. Keiner muß etwas sagen, wenn er das nicht will. Oder wenn jemand im Verlauf einer Sitzung z.B. wegen einer hohen inneren emotionalen Erregung glaubt, sein augenblickliches Erleben nicht mehr aushalten zu können, darf er den Raum verlassen und etwas tun, was ihm gut tut. Sollte jemand im Laufe eines mehrtägigen paartherapeutischen Seminars z.B. auf die Idee kommen, mit seinem Partner eine Wanderung zu unternehmen oder lieber alleine im Nachbarort eine Tasse Kaffee zu trinken, so wird ihm in der Anfangsrunde Mut gemacht, genau diesem Wunsch nachzukommen und es zu tun.

Während eines vierzehntägigen paartherapeutischen Seminars ist ein Mann am 11. Tag nachts um 2 Uhr nach Hause gefahren. Er hat zu seiner Frau gesagt, daß er damit zum ersten Mal in seinem Leben eine eigene Entscheidung getroffen habe. Etwa ein Jahr später bezeichnete er diese Entscheidung als Wendepunkt in seinem Leben. In einem therapeutischen Prozeß ist also die aktive Beteiligung, die Übernahme von Verantwortung durch die Ratsuchenden Voraussetzung für den Erfolg der Therapie. Das geschieht auch dadurch, daß sie vorgegebene Übungen ausprobieren und dadurch neues Verhalten erlernen. Kleine Erfolge bringen Mut zum Weitermachen.

Auch wenn Menschen gerade durch bestimmtes Verhalten Schwierigkeiten im Miteinander bekommen, haben sie immer subjektiv „gute Gründe“ dafür. Deshalb ist es fundamentale Grundlage des Selbsthilfeprogramms wie jeder Integrativen Paartherapie davon auszugehen, daß kein Partner böswillig den anderen verletzen, beschämen oder mißachten will. Beide haben sich ja einmal sehr geliebt und die Hoffnung gehabt, daß diese Liebe Bestand haben werde. Das Zusammensein war also einmal ein hoch eingeschätztes Ziel. Deshalb macht Selbsthilfe und ggf. Therapie Sinn! Es geht vor allem darum, systematisch zu lernen, wie man als Paar sein Leben (wieder) ohne externe professionelle Hilfestellung bewältigen kann, wie man seine Ziele mit dem tatsächlichen Alltag (und umgekehrt) in Einklang bringen kann.

Und nicht zuletzt, wie man sich wieder aufeinander und aneinander freuen kann. Vielleicht ist es genau das, was Menschen subjektiv als Glück und Wohlbefinden erleben?

Für den Erfolg jeder Selbsthilfe und Therapie ist es wichtig, sich intensiv mit seinen Phantasien und gedanklichen Visionen von einem zufriedenen und glücklichen Miteinander zu beschäftigen. Dabei kann es helfen, auf die bereits gemachten Erfahrungen, etwa in der Zeit der Verliebtheit, zurückzugreifen. Aus ihnen lassen sich mögliche Ziele ableiten. Beim Setzen von Zielen – und das bedeutet ja immer, daß eine Jetzt-Situation in Richtung einer Soll-Situation verändert wird – ist es wichtig, eine Ahnung davon zu haben, wie die neue, veränderte Situation aussehen mag. Denn nur das, was ein Mensch sich vorstellen kann und was eine gewisse Attraktivität hat, wirkt als Ziel motivierend, auch im Hinblick auf die Anstrengungen und Mühen, die immer mit Veränderungen verbunden sind.

Den wenigsten Menschen ist allerdings zu Beginn eines Veränderungsprozesses klar, wie mögliche Ziele aussehen könnten. Eine wichtige Aufgabe des therapeutischen Prozesses mit und ohne professioneller Hilfe ist die Suche nach Zielen im Miteinander und die Frage, wie genau die einmalige eigene Ehe und/oder Lebensgemeinschaft aussehen kann. Es kann sogar sein, daß das Klären von Zielvorstellungen zum Hauptziel wird, indem erreichbare Ziele benannt und unrealistische Ziele modifiziert bzw. aufgegeben werden. Man darf sich aber nicht der Illusion hingeben, daß einmal festgelegte Ziele für alle Zeit so feststehen. Ziele und Probleme sind immer einer Fluktuation und Dynamik unterworfen. Jederzeit können neue Bereiche als Problem oder auch als Ziel auftauchen.

Ein Paar mit sexuellen Schwierigkeiten hatte während einer gemeinsamen Therapie die Aufgabe erhalten, zwischen den Therapiesitzungen Berührungsübungen zu machen. Allerdings waren sie diesen Hausaufgaben nicht nachgekommen. Es galt also zu klären, was sie denn daran gehindert hatte. Beide stellten fest, daß sie große Angst vor Nähe hatten. Dies war für den weiteren Klärungsprozeß eine ganz wichtige Erfahrung. Hätten sie ihre „Hausaufgaben“ brav gemacht, dann wären sie an der Oberfläche geblieben und nicht zu tiefer liegenden Problemen ihrer sexuellen Störungen vorgestoßen.

An diesem Beispiel wird deutlich, daß therapeutische Vereinbarungen immer „bis auf weiteres“ gelten, denn die Dynamik miteinander kann andere Zielrichtungen als die geplanten ergeben. So sind Übungen und Hausaufgaben bei Bedarf zu revidieren oder zu modifizieren.

Oftmals macht die stark fluktuierende Situation des Veränderungsprozesses mit einer Menge externer und interner Zwänge Kompromißlösungen notwendig. Manchmal ist es sinnvoller, mit dem bescheidenen Anspruch einer Optimierung der Situation anzutreten, d.h. anzuerkennen, daß es statt der Orientierung an utopischen Idealzielen realistischer ist, das unter den gegebenen Umständen jeweils Bestmögliche zu erreichen.

Grundsätzlich sind Klärung und Festsetzung wichtiger persönlicher Ziele letztlich nie abgeschlossen, sondern ein lebenslanger dynamischer Prozeß.

Erarbeitete Zielvorstellungen darüber, was man in der Beziehung, in seinem Verhalten dem Partner gegenüber ändern will, diese „Einsicht“ reicht allein nicht aus. Ganz wichtig sind auch konkrete Erfahrungen mit neuen Verhaltensweisen. Deshalb werden in diesem Buch Übungen dargestellt, mit deren Hilfe das Gelesene in Erfahrung umgesetzt werden kann. Sinnvoll ist es, einzelne Übungen wiederholt zu machen, sie eventuell sogar mit eigenen Ideen zu modifizieren. Die Ergebnisse solcher Übungen, ebenso wie die Ergebnisse einer Paartherapie, lassen sich nicht exakt voraussagen. Vielmehr ist es wichtig, durch die Übungen eine Anregung, einen Anstoß zu bekommen.

Sie selbst entwickeln dann daraus das, was für Sie paßt. Sie überprüfen, ob diese Anregung Ihnen hilft, Ihr Miteinander besser und befriedigender zu gestalten.

Nach diesen Ausführungen zum Veränderungsprozeß soll nun die Aufgabe eines Eheberaters oder Therapeuten näher skizziert werden.

Viele Menschen haben dazu die Vorstellung von einer Arzt-Patienten-Rollenverteilung im herkömmlichen medizinischen Sinn. Sie erwarten vom Berater, daß er als Autorität und Experte auftritt, der aktiv initiativ wird, um ihre Probleme zu lösen. Aber genau das geht nicht. Betrachtet man die Zeit, die jemand in der Beratung verbringt: einige Stunden oder 40 bis 60 Stunden Gruppenberatung über ein halbes Jahr verteilt – und setzt diese Zahl in Relation zu den vielen Stunden, in denen man mit seinem Partner allein ist, so wird deutlich, wie unrealistisch diese Erwartung ist.

Will man im medizinischen Bereich bleiben, dann könnte man am ehesten noch die Rolle des Therapeuten mit der einer Hebamme vergleichen, die den Prozeß der Geburt lediglich begleitet. Der Therapeut ist Begleiter, Katalysator, Impulsgeber für die Ratsuchenden, damit sie ihr Leben und ihren Alltag mit seinen vielen Anforderungen wieder aktiv selbst in die Hand nehmen und gestalten können. Dazu bringt er sein Fachwissen über Änderungsprozesse und über das Zusammenleben in Form der Partnerschaft in den gemeinsamen Prozeß ein. Er assistiert einem Paar dabei, seine eigene Form des Zusammenlebens zu finden. Da diese Form immer einmalig ist, wird eine Therapie auch immer auf den Einzelfall abgestimmt. Der Therapeut wird sein Vorgehen jedesmal neu an die jeweiligen Besonderheiten der Menschen und ihre Lebenssituation anpassen. Er wird z.B. Übungen, die zu diesen Einzelpersonen passen, neu erfinden.

Dabei läßt er sich von dem öko-philosophischen Grundsatz „Global denken, lokal handeln" leiten. Er weiß, daß, wenn Menschen in einem kleinen Bereich Erfolg haben und sie feststellen, daß sie tatsächlich etwas in ihrem Leben ändern können, sich durch dieses Erleben ihre persönliche Kompetenz steigert. Diese Erfahrung wird sich dann auch auf andere Bereiche ihres Verhaltens auswirken. Der Therapeut ist insbesondere für die adäquate Umsetzung der diagnostisch-therapeutischen Abläufe zuständig, während der Ratsuchende die inhaltliche Ausfüllung dieses Rahmens durch seine Ziele, Wünsche und Wertvorstellungen bestimmt.

Um dieses Tun relativ rational zu rechtfertigen, wird ein verantwortungsvoller Therapeut sein Vorgehen sowie die Effizienz und Effektivität seiner Arbeit mit verschiedenen Methoden überprüfen. So ist es z.B. üblich, daß in der Eheberatung die Ratsuchenden zu Beginn einen Fragebogen ausfüllen. Die Ergebnisse dieses Fragebogens sind für den Therapeuten neben seiner eigenen Wahrnehmung ein wichtiges diagnostisches Hilfsmittel. Am Ende der Beratung wird er den Ratsuchenden diesen Bogen noch einmal vorlegen und mit Hilfe der neuen Ergebnisse feststellen können, was aufgrund der doppelten Aussagen dieses Bogens die Therapie möglicherweise bewirkt hat.

„Möglicherweise“ deshalb, weil ein Therapeut nie genau sagen kann, das seine Arbeit allein dieses Therapieergebnis bewirkt hat, denn auch der Alltag bietet eine Fülle von Einflüssen mit hoch therapeutischem Effekt (z.B. kirchliche Gruppen, Sportvereine, Fitneß-Studios, Volkshochschulkurse, Chortreffen, Verwandte, Freunde, Berufsumfeld etc.).

Bei den Ergebnissen solcher Fragebogen handelt es sich nur um einen kleinen Ausschnitt der „Wahrheit“. Aber sie ermöglichen, ein solch hoch komplexes Geschehen wie eine Therapie anschaulicher und relativ überprüfbar zu machen. Zu dieser Vorgehensweise ist ein Therapeut aus Achtung und Wertschätzung gegenüber seinen Klienten und damit zur Qualitätssicherung seiner Arbeit verpflichtet.

Sicherlich werden sich manche fragen: *„Wie finde ich einen passenden Therapeuten oder Eheberater?“* Ein Kriterium könnten Erfahrungen von Freunden sein. Am wichtigsten ist aber, sich auf sein eigenes Gefühl zu verlassen. Im ersten Kontakt wird man spüren, ob das Gegenüber der richtige Mensch ist, der bei der Lösung der Probleme assistieren kann. Angst, Nervosität und Anspannung sind zu Anfang eines therapeutischen Kontaktes normal! Wichtig ist aber zu prüfen, ob mit dem Therapeuten „kooperative Zusammenarbeit“ möglich ist.

An folgenden minimalen Anforderungen für wissenschaftlich akzeptable therapeutische Ansätze und Methoden kann man sich bei der Suche nach einem Therapeuten orientieren und so ein wenig die Spreu vom Weizen trennen:

- Der Berater überprüft die Effektivität und Wirksamkeit seines Handels und weist diese nach.
- Sein Handeln enthält keine Widersprüche zur allgemeinen Grundlage der empirischen Psychologie.
- Seine Therapieform bezieht sich auf anerkannte Theorien, die ihre Effekte erklären.
- Die Therapieziele müssen ethisch legitimiert sein.
- Die Therapiemethode muß ethisch akzeptierbar sein.
- Ein Therapeut muß Angaben zu Art und Wahrscheinlichkeit der zu erwartenden Nebeneffekte machen können.
- Die Therapie muß in einer vertretbaren Kosten-Nutzen-Relation stehen.

Übung

Ein guter Freund fragt Sie nach der Möglichkeit zu Eheberatung oder Paartherapie? Worauf sollte er ihrer Meinung nach achten? Wonach den Berater fragen?

Zusammenfassung

Eheberatung und Paartherapie ist ein interaktiver Prozeß zwischen Ratsuchenden und Therapeut, in welchem sich Selbsthilfe und Anregung ergänzen. Die Ratsuchenden erarbeiten sich mit Hilfe des Therapeuten eine für sie passende Form, ihren Alltag und ihr Miteinander zu gestalten. Für diesen Prozeß gibt es wissenschaftlich anerkannte Gütekriterien, an denen sich ein Therapeut orientieren muß.

3. Integrative Paartherapie – Hilfe zur Selbsthilfe

Interaktions- und Kommunikationsstörungen in nahen menschlichen Beziehungen wie Ehe und Partnerschaft können nachgewiesenermaßen zu erheblichen Beeinträchtigungen der leib-seelischen Gesundheit und des subjektiven Wohlbefindens führen. Die Integrative Paartherapie (IPT), eine pädagogische Intervention, zeigt dazu mögliche Wege der Heilung auf.

An dieser Stelle kann man bei dem Wort „pädagogisch" ins Nachdenken geraten. Warum pädagogisch? Ist Therapie nicht eher etwas Psychologisches? Oftmals wird auch Ehe-, Familien- und Partnerschaftsberatung in Kurzbeschreibungen oder Untertiteln als „psychologische Beratung" definiert. Daraus läßt sich auf eine Schwerpunktsetzung der Arbeitsweise schließen. Eine Definition, was genau mit „psychologisch" gemeint sei, brächte eine Vielfalt von Therapieideen und -schulen zum Vorschein, doch scheint zusammengefaßt die Gefahr gegeben, Beratung werde vorwiegend als Prozeß für psychisch „Kranke" verstanden. Viele Ratsuchende verstehen sich aber ausdrücklich nicht als „krank" und wollen deshalb keine „Psychotherapie", wollen nicht zu einem „Seelendoktor" wegen ihrer Schwierigkeiten. Irgendwie spüren sie, daß es sich bei dem, was sie suchen, um etwas anderes als um „Krankheit" handelt.

Eheberatung oder Paartherapie für die Gestaltung des Lebens zu zweit sind vor allem auch deshalb notwendig geworden, weil sich heute der einzelne nur noch in geringem Maße auf die Bräuche und Traditionen seiner Gesellschaft verlassen kann, um danach seine menschlichen Beziehungen zu gestalten. Der moderne Mensch ist herausgefordert, Fragen und Probleme seines Lebens stärker in Eigenverantwortung zu lösen. Das wird an drei zentralen Problembereichen deutlich: an der Machtverteilung zwischen Frau und Mann in der Ehe, der Gestaltung der Sexualität und dem Umgang mit Trennung und Scheidung.

Kommt man auf die Aussage „pädagogisch" zurück, mag mancher sich an schlechte Erfahrungen mit Lehrern und Schule erinnern. Hintergrund dieser Erfahrungen kann ein Bild von Pädagogik sein, das den einzelnen auf ein bestimmtes Ideal, etwa das des braven, fleißigen, obrigkeitshörigen Bürgers, reduzierte.

Hier wird dagegen die Auffassung vertreten, daß es bei Pädagogik immer um den einzelnen, um seine Entwicklung, sein Werden zu einem sich selbst bewußten, eigenverantwortlichen Menschen geht. Therapie als pädagogische Intervention will ihm helfen, sein körperliches, seelisches und soziales Wohlbefinden wieder herzustellen, zu erhalten oder zu steigern. Dieser pädagogische Ansatz fördert ausdrücklich die Autonomie eines Paares, setzt auf seine Selbstheilungskräfte.

So bedeutet Pädagogik im Rahmen der Integrativen Paartherapie u.a. die Wahrnehmung des Erlebten, mit dem Ziel, dies durch Theoriebildung zu verstehen und durch Lernangebote zu verbessern. In diesem Sinne nimmt IPT ihren Ausgangspunkt bei der Alltagspraxis des jeweiligen Paares. Dabei gilt es, in der ersten Interventionsphase, mit dem Paar gemeinsam ein Bild von seiner augenblicklichen Situation mit seinen Schwierigkeiten und Konflikten, aber auch mit seinen Ressourcen zu gewinnen. Diese Situationsbeschreibung geschieht zum einen verbal, zum anderen durch den Einsatz kreativer Medien beim Malen oder der Arbeit mit Ton.

Bei diesem ersten Wahrnehmen des augenblicklichen Wesens eines Paares, der „Paargestalt", ist auch der geschichtliche Kontext bedeutsam. So ist das Zusammensein von Frau und Mann in der Ehe rein rechtlich betrachtet in der Bundesrepublik Deutschland erst seit der Familienrechtsreform 1976 gleichberechtigt. Bis dahin galt für die Binnenbeziehung das patriarchalische Modell, in dem der Mann z.B. über die Berufstätigkeit der Frau bedeutsam mitbestimmen konnte.

Soziologisch betrachtet ist heute die Situation geprägt von einer Fülle gesellschaftlich akzeptierter verschiedener familialer Lebensformen, wie etwa dem Leben als Single, dem Zusammenleben ohne Trauschein oder der Ehe mit oder ohne Kinder. Leitidee für das Zusammenleben als Paar ist die der Partnerschaft. Aufgrund soziologischer Forschungsergebnisse wird die These vertreten, daß viele Menschen einerseits aufgrund mangelnder Modelle für das Zusammenleben als Mann und Frau in Form der Partnerschaft und andererseits wegen konkurrierender Modelle der Lebensformen damit überfordert sind, für ihr Leben eine passende Entscheidung zu fällen und diese auch in die Tat umzusetzen.

Die psychische Situation des einzelnen Paares, die Frage danach, warum der einzelne sich im Moment so und nicht anders verhält bzw. nicht anders verhalten kann, wird in der zweiten Interventionsphase, der „Partnerwerdung", zum Thema. Dabei kommen die therapeutischen Schulen der Gesprächspsychotherapie, der Aktiven Psychoanalyse und der Gestalttherapie/Integrativen Therapie zum Einsatz.

Die ersten beiden Interventionsphasen sind klärungsorientiert, d.h. es gilt festzustellen, **wie** genau das Paar interagiert und kommuniziert und warum sich der einzelne aufgrund seiner Herkunftsgeschichte und seiner bisherigen Beziehungserfahrungen **so** verhält. In der dritten Phase, in der es um „Das Bild vom Paar" geht, werden die inneren Leitbilder und Kognitionen für das Zusammenleben überprüft und gegebenenfalls korrigiert. Diese Vorgehensweise ist bewältigungsorientiert, da sie das Schwergewicht legt auf eine mögliche Einstellungsänderung über die Art und Weise, wie Frau und Mann zusammenleben können.

Die vierte Phase der IPT, das „Training förderlicher Qualitäten für eine Paarbeziehung", ist ebenfalls bewältigungsorientiert. Hier kommen insbesondere Techniken der Verhaltens- und Kommunikationstherapie und einer teilnehmerorientierten Erwachsenenbildung mit körperorientierten, erlebnis- und bewußtseinserweiternden Vorgehensweisen zum Tragen. Diese Phase ist jedoch als vierte nicht chronologisch zu verstehen, sondern sie zieht sich wie ein roter Faden durch den gesamten Verlauf der Intervention. Bereits wenn ein Paar in der ersten Sitzung unter Beobachtung und Anleitung von seinen Schwierigkeiten erzählt, handelt es sich dabei um die Einübung von „Kommunikativer Kompetenz".

Ihre ethische Fundierung findet die Integrative Paartherapie im Humanismus, der durch ein Modell partnerschaftlicher Grundwerte expliziert wird.

Bei dem Verständnis und der Bewältigung von Interaktions- und Kommunikationsstörungen spielt die Gestaltung der Sexualität eine zentrale Rolle, denn Störungen in diesem Bereich korrelieren signifikant, d.h. nicht zufällig, mit anderen Paarproblemen. Deshalb wird im Rahmen der Integrativen Paartherapie dem Einüben der Gestaltung von Sexualität großer Wert beigemessen. Auch hier stehen Paare geschichtlich vor einer nie gekannten Herausforderung. Durch die Entdeckung sicherer Methoden der Kontrazeption hat ein Wandel in der Bedeutung der Sexualität stattgefunden, von einer an Fortpflanzung orientierten zu einer an der sozialen Kommunikation orientierten sexuellen Beziehung. Erstmals in der Geschichte der Menschheit ist eine bewußte Entscheidung gegen das Kind möglich, aber auch dazu fehlt es vielen Paaren, so eine weitere zentrale These, an Verhaltens- und Orientierungsmustern.

Integrative Paartherapie ist eine „Fokale Kurzzeittherapie". In einem Rahmen von 40-80 Therapiestunden, die vornehmlich als einzelfallorientierte Gruppentherapie gestaltet werden, wird die Beziehung eines Paares in den Mittelpunkt gerückt. Die Partner klären die Hintergründe ihrer Beziehungsprobleme. Durch das Üben partnerschaftsfördernder Verhaltensweisen werden sie in die Lage versetzt, anstehende Probleme zu bewältigen. Sie lernen also, wie man als Frau und Mann in Form der Partnerschaft leben kann.

Dabei gibt es nicht **die** Form, sondern jedes Paar muß seine für sich passende Form finden. Und diese Form ist für jedes Paar das Ergebnis eines komplexen Zusammenspiels unterschiedlicher Faktoren.

- Das sind auf der einen Seite alle externen Faktoren: sowohl physikalischer Art wie Wärme, Kälte, Wetter, Wohnraum, als auch soziokultureller Art, wie kulturell bedingte Norm- und Wertvorstellungen, z.B. Essensbräuche, Hochzeitsriten, aber auch die Berufs- und Arbeitsplatzsituation.
- Zweitens ist jeder Mensch unterschiedlich genetisch und biologisch ausgestattet. Einer ist z.B. aufgrund seines hohen Blutdrucks leicht erregbar, ein anderer ist wegen seines ruhigen Pulsschlags nicht so leicht aus der Ruhe zu bringen.
- Schließlich hat jeder Mensch in seinem Leben aufgrund seiner Personalisation und Sozialisation bereits eine Vielzahl an Lernprozessen durchlaufen, die ihm zeigen, wie er sich in dieser Welt, wie er sich in einer nahen Beziehung verhalten kann. Diese Prozesse werden von der Person selbst in Gang gesetzt und aufrecht erhalten. Dabei handelt es sich um kognitive Prozesse, wie Denken, Planen, Entscheiden oder Problemlösen, sowie Prozesse der Selbstbeobachtung und der kognitiven Reaktionen auf selbsterzeugte Situationen, wie sie zum Beispiel in der Therapie von sexuellen Kommunikationsstörungen eine hohe Bedeutung haben.

Kommt es bei diesen Lernerfahrungen – sein Leben zu leben, seine Ehe zu leben – zu Störungen, assistiert der Berater dem Ratsuchenden dabei, diese drei Faktoren so miteinander in Einklang zu bringen, daß der einzelne sich selbst und das Paar sich gemeinsam wieder „managen“ können.

Wenn anfangs darauf hingewiesen wurde, daß es sich bei der IPT um eine „pädagogische“ Intervention handelt, heißt das natürlich nicht, daß die „Psychologie“ keine zentrale Rolle spielt. Aber es gilt, sich in der Ehe-, Familien- und Partnerschaftsberatung von einer einseitigen Orientierung zu lösen, um mit einem möglichst breitgefächerten und flexiblen therapeutischen Vorgehen den Ratsuchenden bei der Lösung ihrer Probleme zu assistieren. Diese integrative Vorgehensweise wird durch vorliegende empirische Untersuchungen zur therapeutischen Wirksamkeit bestätigt.

Zusammenfassung

Integrative Paartherapie ist praktizierte Pädagogik. Elemente der traditionellen Schulen wie Gesprächspsychotherapie, der Aktiven Psychoanalyse und der Gestalttherapie/Integrativen Therapie kommen zum Einsatz und ergänzen sich wechselseitig mit Techniken der Verhaltens- und Kommunikationstherapie und einer teilnehmerorientierten Erwachsenenbildung mit körperorientierten, erlebnis- und bewußtseinserweiternden Vorgehensweisen.

Dies geschieht auf dem Hintergrund eines Menschenbildes, das den Menschen in einem lebenslangen Lern- und Entwicklungsprozeß eingebunden im jeweiligen interaktionellen Kontext sieht.

Methodisch einzuordnen ist die Integrative Paartherapie als „Fokale Kurzzeittherapie". Sie fokussiert die Beziehung eines Paares und verhilft in einem Rahmen von 40-80 Therapiestunden, die vornehmlich als Gruppentherapie gestaltet werden, den Partnern dazu, aufgrund ihrer Lebensgeschichte verstehen zu lernen, warum der einzelne **so** und nicht anders handelt. Sie sollen befähigt werden, ihr Zusammenleben in Form der Partnerschaft zu gestalten.

Übung

Nehmen Sie für sich alleine einmal einen Moment Zeit, um über folgende Fragen nachzudenken. Schreiben Sie die Ergebnisse auf!

- Was fühle ich, wenn ich höre, daß gute Freunde, Nachbarn, Verwandte „in Therapie" sind.
- Was denke ich dann über sie?
- Wann sollte man eine Eheberatung in Anspruch nehmen?
- Wann wäre für mich selbst der Zeitpunkt gekommen, das zu tun?
- Wie lange, vermute ich, würde ich brauchen, bis ich die Erkenntnis umsetzen und um Beratung nachfragen würde?
- Wer würde wohl von uns beiden das Thema „Paartherapie" ansprechen?
- Was, vermute ich, fühlt und denkt mein Partner wohl bei diesen Fragen?

Suchen Sie sich dann einen Zeitpunkt aus, an dem Sie sich ungestört und ohne Druck mit Ihrem Partner über diese Fragen austauschen. Wenn Sie in einer sehr befriedigenden Beziehung leben, fragen Sie sich trotzdem: „Was wäre wenn“, um gegebenenfalls ein Krisenmanagement zur Verfügung zu haben.

4. Ohne Gruppe keine Heilung von Kommunikations- und Interaktionsproblemen

Sicherlich eine etwas apodiktische Aussage, aber sie beruht auf den Ergebnissen der Psychotherapieforschung. Bei dieser Forschung geht es, ähnlich wie etwa bei der Medikamentenforschung, um die Frage, was wirkt am besten und wie wirkt etwas. Und da jeder Mensch ja nach den im Augenblick besten und wissenschaftlich abgesicherten Methoden behandelt werden will, ist die apodiktische Überschrift berechtigt.

Denn die Forschung hat eine große Anzahl von Hinweisen darauf erbracht, daß die Schwierigkeiten eines Paares am besten in einem Setting behandelt werden können, in dem eben diese Schwierigkeiten aktualisiert, d.h. für die Partner und den Therapeuten erlebbar werden. So lassen sich Partnerprobleme am effektivsten unter Einbeziehung beider Partner behandeln. Da es sich dabei oftmals um generalisierte zwischenmenschliche Schwierigkeiten handelt (das wird z.B. daran deutlich, daß Menschen nach einer Trennung und dem Leben mit einem neuen Partner oft feststellen: „Mit dem neuen Mann stehe ich ja wieder vor ganz ähnlichen Problemen!“) gilt es, diese zwischenmenschlichen Probleme zu klären und zu bewältigen.

Dazu ist eine Gruppentherapie **das** Mittel, denn sie bietet eine Vielzahl an Übertragungs- bzw. Aktualisierungsmöglichkeiten im Vergleich zu einer Einzeltherapie an. Deshalb ist die Gruppentherapie, wie in den Ergebnisberichten für eine ganze Anzahl verschiedener Therapiemethoden festgestellt wurde, noch besser geeignet, Veränderungen des zwischenmenschlichen Erlebens und Verhaltens herbeizuführen. Für Menschen, bei denen Veränderungen im zwischenmenschlichen Bereich erwünscht sind, ist also das gruppentherapeutische Setting dem einzeltherapeutischen m.E. vorzuziehen.

Diese Feststellung ist allerdings nur für den Moment richtig, denn Paartherapie wird weiter erforscht, entwickelt sich und ändert sich, wenn wirkungsvollere Vorgehensweisen sich bewähren.

Weil Ratsuchende zu Beginn einer Eheberatung oft starke Bedenken in bezug auf das Mitmachen in einer Gruppe äußern und sich gar nicht vorstellen können, daß das etwas für sie sei, soll hier einiges über Therapie in der Gruppe gesagt werden:

In der Literatur findet sich eine Vielzahl an Beispielen für die Klärung und Bewältigung unterschiedlichster menschlicher Probleme durch die therapeutische Arbeit in einer Gruppe. Das Konzept, Probleme in der Gruppe selbst zu diagnostizieren und zu heilen, wurde bereits Anfang dieses Jahrhunderts entworfen. Störungen des Gefühlslebens wurden auf ungelöste zwischenmenschliche Probleme zurückgeführt, die besser erkannt werden konnten, wenn der Patient in einem Kreis mehrerer Personen agierte, als in der traditionellen Zweier-Beziehung zwischen Arzt und Patient.

So bildet die Gruppenberatung für Paartherapie ein zentrales Instrument. Paare entdecken, daß das, was sich dort abspielt, ihnen einerseits vertraut ist: *„Der gleiche Ärger wie zu Hause“*, andererseits sind sie erstaunt über die Möglichkeit, ganz neue Erfahrungen miteinander zu machen: *„So hätten wir zu Hause nie über Sexualität gesprochen.“* So sind in paartherapeutischen Gruppen das authentische Erleben ebenso wie die Fähigkeiten und Ressourcen der Ratsuchenden selbst ein wichtiges „Kapital“, Klärungs- und Bewältigungsprozesse zu initiieren und zu begleiten.

In der Methodik steht der Blick auf die Situation des einzelnen Paares vor, während und nach der Therapie im Vordergrund. Gruppendynamische Prozesse und deren Ent- oder Verwicklungen (manche Klienten haben Gruppen mit solchem Schwerpunkt bereits erlebt und sie oft in unguter Erinnerung) treten in den Hintergrund. Man kann also von einer Einzelfallorientierung unter Einbezug der Möglichkeiten einer Gruppe sprechen. Die Gruppenarbeit verläuft in einem ausgesprochen angenehmen und akzeptierenden Gruppenklima. Gruppenkonflikte und gruppendynamische Verwicklungen kommen so gut wie nie vor. Das hat zur Folge, daß nach Beendigung der „offiziellen“ Gruppentherapie die Klienten oft in Eigenverantwortung als Selbsthilfegruppe den Prozeß fortführen.

Die Gruppentherapie wird entweder als Abendveranstaltung in vierzehntägigem Abstand in den Räumen einer Beratungsstelle durchgeführt oder als Internatsveranstaltung in Kooperation mit Einrichtungen der Erwachsenenbildung über mehrere Wochenenden oder eine Woche verteilt. Maximal nehmen 9 Paare an einer Gruppe teil, manchmal auch Einzelpersonen, deren Partner eine Teilnahme ablehnt.

Inhaltlich gibt es z.Z. drei aufeinander aufbauende Typen der paartherapeutischen Gruppen. Durchgehende Elemente aller drei sind: bewegungsorientierte Übungen (eine Art von Gymnastik, bezogen auf die jeweiligen inhaltlichen Themen), Übungen, die das partnerschaftliche Miteinanderumgehen fördern und Reflexionen, die einladen, das Geschehen in der Gruppe mitzusteuern.

Soweit dies von Seiten der Bildungshäuser möglich ist, wird parallel zur Gruppentherapie eine Kinderbetreuung angeboten. Untersuchungen über einen Zeitraum von sieben Jahren belegen, daß die Anwesenheit der Kinder für die Gesamtinteraktion in der Familie einen ausgesprochen heilsamen Effekt hat.

Die Basisform (mit insgesamt 40-60 Stunden):
In dieser geht es insbesondere um die Themen: Was für ein Paar sind wir? Welche Schwächen, welche Stärken zeichnen uns aus? Welche Beziehungserfahrungen bringt jeder von beiden mit in die Partnerschaft? Welche Ideen hat jeder von einer Ehe, einem partnerschaftlichen Zusammenleben? Welche Ziele setzen wir uns als Paar?

Ein aufbauendes Seminar „Sexualität und Sinnlichkeit“ (an drei über einen Zeitraum von sechs Monaten verteilten Wochenenden):
Es gliedert sich in drei Sequenzen. Bei der ersten wird ein wohlwollender Blick auf den eigenen Körper als den Ausgangspunkt der Sexualität geübt. In der zweiten stehen das Gespräch über Sexualität und die Bedeutung von Träumen und Phantasien als Wegweiser lebendiger Sexualität im Mittelpunkt. Im letzten Abschnitt geht es um die Integration der gegengeschlechtlichen Anteile, basierend auf der Idee, daß in jedem Mann Weibliches und in jeder Frau Männliches lebt.

Intensivseminar „Paarkibbuz“ (vierzehn Tage):
Beim Paarkibbuz handelt es sich um ein paar- und familientherapeutisches Seminar, das aufgrund seiner Rahmenbedingungen den Teilnehmern intensive Erfahrungs- und Lernmöglichkeiten bietet. In der Regel haben die Teilnehmer bereits vorher an einer paartherapeutischen Gruppe teilgenommen, somit ist ihnen das Setting und Procedere in einer Gruppe bekannt. „Offizielle“ therapeutische Arbeit wechselt nun hier mit der Möglichkeit, mit anderen Teilnehmern gemeinsam Zeit zu verbringen und zu gestalten, aber auch sich allein für sich selbst zurückzuziehen. Dienste am Gemeinschaftsleben, wie z.B. Spülen, Getränkedienst, werden wechselseitig wahrgenommen. Jeder ist eingeladen an den Abenden, sich mit seinen Fähigkeiten und Künsten in die Gruppe einzubringen. (Je nach Zusammen-

setzung der Teilnehmer ist dann von Grundtechniken der Selbstverteidigung bis zu Schrittfolgen des argentinischen Tangos vieles im Programm.)

Insbesondere zeichnet sich der Paarkibbuz dadurch aus, daß die Kinder der Teilnehmer mitgebracht werden können und während der therapeutischen Sitzungen von zwei erfahrenen Kinderbetreuern beschäftigt und beaufsichtigt werden. Dadurch hat der Paarkibbuz kein „Inseldasein", sondern einen ganz konkreten Bezug zur Alltagsrealität der teilnehmenden Paare.

Inhaltlich gliedert sich der Paarkibbuz in drei Phasen. In der ersten geht es darum, sich der eigenen Stärken und Ressourcen bewußt zu werden und diese dem Partner gegenüber zu präsentieren. Anschließend werden in einem verhaltenstherapeutischen Kommunikationsstraining die Fähigkeiten der verbalen Begegnung geschult, um danach, im dritten Schritt, Perspektiven für Gemeinsamkeiten als Paar zu entwickeln.

Fremde Freunde
Es ging mir so schlecht.
Furchtbare Kälte in mir.
Kein Weg in Sicht, um dort heraus.
Dann habe ich gehört und gesehen,
aber vor allem gespürt, was wirklich bedeutend ist -
bei Euch.

Zusammenfassung

Für Veränderungen im zwischenmenschlichen Bereich ist die Gruppentherapie das geeignete Setting. Sie bietet eine Vielzahl an Übertragungs- und Aktualisierungsmöglichkeiten und damit auch die Möglichkeit, neues Verhalten auszuprobieren und neue Lernerfahrungen im Miteinander zu machen. Damit entspricht diese Vorgehensweise den Befunden der Psychotherapieforschung.

Übung

Schreiben Sie einmal alle Gründe auf, die Sie daran hindern könnten, an einer Gruppentherapie teilzunehmen. Anschließend stellen Sie schriftlich fest, welche

Argumente für eine Teilnahme sprechen. Stellen Sie beide Listen gegenüber und vergleichen Sie diese. Sodann tauschen Sie sich mit Ihrem Partner über die Ergebnisse aus.

5. Ein Blick zurück – Ehe im Laufe der Geschichte

Fragt man heute ein Paar, welche Art des Zusammenlebens die beiden anstreben, so wird man in der Regel hören: die Partnerschaft. Aber das war nicht immer so. Bei unseren Vorfahren, den Germanen, war das Eheverständnis geprägt von der „Muntgewalt" (Munt = Schutz). Der Mann konnte über Leib und Leben seiner Frau und der anderen Hausgenossen entscheiden. Mit dem Erstarken des Christentums ab dem ersten Jahrtausend tauchte dann erstmals – neben dem Prinzip der Unauflöslichkeit der Ehe – die Idee der Gleichheit zwischen Frau und Mann auf. Diese basierte auf dem Gedanken der gemeinsamen Gotteskindschaft und der Gleichheit vor Gott. An dieser Gleichheit in der Ehe konnten allerdings nicht viele teilhaben, da die Erlaubnis zur Heirat gekoppelt war an den Nachweis von Besitz. Dadurch sollte die Ausbreitung von Massenarmut vermieden werden. Das allgemeine Heiratsverbot wurde erst 1868 mit dem „Gesetz über die Aufhebung der polizeilichen Beschränkung der Eheschließung" aufgehoben.

Kirchlicherseits vertrat man allerdings die Auffassung, daß die Eheleute sich selbst das Sakrament der Ehe spenden. Im kirchlichen Sinne bedurften sie dafür keiner staatlichen Erlaubnis. Vielleicht war dies ein Ausweg, um dem Heiratsverbot zu entgehen.

Das 19. und große Teile des 20. Jahrhunderts waren dann geprägt von der Auffassung der Ehe als Institution, die unabhängig vom Willen der Eheleute zu schützen war. Diese Auffassung vertrat auch Karl Marx 1842, wenn er sagte: *„Niemand wird gezwungen, eine Ehe zu schließen; aber jeder muß gezwungen werden, sobald er eine Ehe schließt, sich zum Gehorsam gegen die Gesetze der Ehe zu entschließen. Wer eine Ehe schließt, der macht, der erfindet die Ehe nicht, so wenig als ein Schwimmer die Natur und die Gesetze des Wassers und der Schwere erfindet. Die Ehe kann daher nicht seiner Willkür, sondern seine Willkür muß sich der Ehe fügen. Wer willkürlich die Ehe bricht, der behauptet: die Willkür, das Gesetzlose ist das Gesetz der Ehe, ... so hat doch wohl der Gesetzgeber nicht minder das Recht, es als die maßloseste Willkür* *zu betrachten, wenn Privatpersonen ihre Kapricen gegen das Wesen der Sache durchsetzen wollen.*"

Hinsichtlich der Binnenstruktur des Verhältnisses zwischen Frau und Mann hatte sich allerdings seit der Zeit der Germanen nicht viel geändert. So formulierte das BGB, das am 1.1.1900 in Kraft trat und alle bisherigen partikularen Ehe- und Familienrechte in Deutschland beseitigte, in § 1354 klar: „*Dem Mann steht die Entscheidung in allen das gemeinsame eheliche Leben betreffenden Angelegenheiten zu.*" Das bedeutete konkret eine Funktionsteilung, die die Frau berechtigte und verpflichtete, das gemeinschaftliche Hauswesen, immer vorbehaltlich der ehemännlichen Entscheidungsgewalt, zu leiten. Der Mann hatte nach dem BGB die Verwaltung und die Nutznießung am Vermögen seiner Frau. Er war Inhaber der elterlichen Gewalt, der Frau stand nur die tatsächliche Personensorge für die Kinder zu. Bei unterschiedlichen Meinungen setzte sich die des Mannes durch. Obwohl die Mütter und Väter des Grundgesetzes in der Bundesrepublik Deutschland 1949 sagten: „*Männer und Frauen sind gleichberechtigt*" (GG Artikel 3, Abs. 2), dauerte es bis 1976, bis mit dem neu gefaßten Scheidungsrecht die Hausfrauenehe abgeschafft wurde. Sie wich einer vertraglichen Konstruktion, in der die Eheleute ihr Zusammenleben selbst organisieren können. Ihrer Entscheidung bleibt es überlassen, wer arbeitet oder wer die Kinder erzieht.

Der geschichtliche Rückblick zeigt, daß für das Zusammenleben in Form der Partnerschaft erst die rechtlichen Grundlagen geschaffen werden mußten, es also nicht selbstverständlich war. Das bedeutet gleichzeitig, daß es bisher an Modellen fehlt, wie Frau und Mann in Form der Partnerschaft zusammenleben können.

Freiraum

Ich besaß kein Zimmer,
keinen Schrank,
nicht mal eine Schublade
nur für mich allein.
Nichts habe ich abschließen können.
Ließ mich einspinnen
in ein Netz aus
Familie -
Verantwortung -
Leistung.
Kein Raum mehr zum Gedankenschweifen lassen dabei.

Keine Zeit in mich zu horchen,
was ich brauche, was ich fühle.

Ich schließe jetzt ab.
Nehme mir Zeit,
meinen Gedanken
und Gefühlen nachzugehen.
Die Zentrierung auf mein Inneres
hat mich ausgeglichen werden lassen.
Dieser Freiraum hat mich zu mir
selbst finden lassen.

Meiner Familie aber,
kann ich nun
vieles gerne geben.

Zusammenfassung

Zum Ende des 20. Jahrhunderts stehen Ehepaare vor der Herausforderung, Ehe in Form der Partnerschaft zu leben. Da es ihnen an Modellen dafür mangelt, müssen sie sich diese erst erarbeiten.

Übung

Jeder der Partner beantwortet zunächst allein schriftlich folgende Fragen, um die Antworten dann mit dem anderen auszutauschen:

1. Wie war das Verhältnis meiner Eltern untereinander?
2. Welche Aufgaben – möglichst konkret – hatten Vater bzw. Mutter?
3. Wie lassen sich ihre unterschiedlichen Charaktere und ihr Umgang mit Gefühlen beschreiben?
4. Wie haben sich Vater bzw. Mutter konkret in Konfliktsituationen verhalten?

6. Partnerschaft – was ist das?

Wie im vorigen Abschnitt aufgezeigt wurde, handelt es sich bei dem Leitwert Partnerschaft zwischen Mann und Frau um eine geschichtlich sehr junge Erscheinung. Genau genommen besteht sie rechtlich erst seit der Reform des Ehe- und Familienrechtes 1976. Partnerschaft realisiert eine zwischenmenschliche Beziehung auf der Grundlage prinzipieller Gleichrangigkeit, die Frau ist also nicht mehr dem Manne „untertan“. Damit sind Herrschaftssysteme aller Variationen, repressive und autoritäre Verhaltensweisen ausgeschlossen. Da aber die Wirklichkeit der „Partnerschaften“ zwischen Frau und Mann oftmals dieses Ideal der Gleichberechtigung – obwohl beide es wollen! – noch nicht erreicht hat, gilt es, sich zu fragen, was bedeutet dieses Postulat für eine Paarbeziehung konkret? Wie kann man Partnerschaft beschreiben und erlernen?

Exkurs: Hilfe, mein Partner geht fremd

Da im Zusammenhang mit Trennungen „Eheliche Untreue“ mit 69% an erster Stelle als Scheidungsgrund genannt wird, läßt sich vermuten, daß für viele Menschen genau an diesem Punkt die Meßlatte angelegt wird, ob eine Partnerschaft noch Perspektive hat, ob es sich lohnt, an den Problemen zu arbeiten im Sinne des Klärens und Bewältigens.

Betrachtet man empirische Untersuchungen zu diesem Thema genauer, so sind die direkt betroffenen Partner viel schneller bereit, diesen „Fehltritt“ zu verzeihen. Hört man allerdings als Eheberater von den Reaktionen des gesellschaftlichen Umfeldes, der Eltern, Freunde, Nachbarn, dann machen diese oft einen unguten Druck auf die Betroffenen, statt mit liebevollem, wohlwollendem Verständnis nach dem Motto „Das kann schon mal passieren“ zu reagieren.

Deshalb sollen im folgenden zunächst einige Gedanken zu dem Thema „Treue“ aufgezeigt werden, die vielleicht Anstöße zum Nachdenken über diese Wertvorstellung geben können.

Treue als Basis für Partnerschaft

Ausgangspunkt des Zustandekommens einer nahen, dauerhaften Beziehung zwischen Mann und Frau ist i.d.R. ein erotisch-sexuelles Partnerinteresse. Aufgrund der modernen Möglichkeiten der Kontrazeptiva führt dies nicht mehr automatisch zur Zeugung eines Kindes und den sich daraus ergebenden ökonomischen Verpflichtungen. Es führt auch nicht mehr automatisch zur Ehe, sondern es besteht die Möglichkeit, aus einer Vielzahl an gesellschaftlich akzeptierten Lebensformen die passende zu wählen. Häufig wird in diesem Zusammenhang von „Optionserweiterung" gesprochen. Damit ist gemeint, daß Optionen, wie sie die alte Familienordnung gerade nicht nahelegte bzw. normativ ausschloß, nun im Gegenteil zugänglich werden: **Nicht**heirat der Lebenspartner, **Verzicht** auf Kinder, Elternschaft **ohne** Ehe, Erwerbstätigkeit **beider** Eltern, Scheidung **trotz** gemeinsamer Kinder etc.

War früher vor allem ökonomische Sicherung durch den und mit dem Partner grundlegender Wertmaßstab der Beziehung, so ist es heute das Glück beider. Dabei wird dieses Glück nicht platt als Genuß verstanden, sondern als personale, dialogische Begegnung, die in einem lebendigen Miteinander stattfindet. Die Liebenden sind herausgefordert, innerhalb ihrer Partnerschaft ihre eigenen inneren Wertsetzungen festzulegen. Nur sie bestimmen, was in ihrer Partnerschaft wichtig ist!

Das bedeutet aber auch, daß sie im Lauf ihrer gemeinsamen Geschichte immer wieder bilanzieren, wie es um das Glück des einzelnen und des Paares steht. Psychische und soziale Entwicklungen des einzelnen können das Glück ins Wanken bringen, wenn beide nicht in der Lage sind, mit Lebendigkeit und Beweglichkeit darauf zu reagieren. *„Als ich dich kennenlernte, warst du ein ganz anderer Mensch"*, klagt mancher in der Paartherapie über den andern. Wird die Divergenz der Partner nicht in das System eingebunden, besteht die Gefahr des Sich-Auseinanderlebens und des Scheiterns des Glücks.

Im folgenden wird aufgezeigt, wie Treue eine ethische Grundorientierung für eine enge intime Beziehung zwischen Mann und Frau sein kann. Dabei ist mit Treue, die man dem Bereich der Tugenden zuordnet, mehr gemeint als Ausdauer, Zähigkeit oder Gewohnheit; sie ist personaler. Solche Treue macht den Menschen fähig und bereit, gemachte Zusagen für die Zukunft zu erfüllen. Sie ist eine fundamentale Selbstausrichtung eines denkenden und planenden Menschen. Weil man sich für erkannte Werte im privaten, wie öffentlichen Bereich entschieden hat, steht man in Treue dazu.

Treue steht aber auch immer in Gefahr, ideologisch verzerrt und mißbraucht zu werden. Man denke etwa an die Nibelungentreue oder den Treueschwur der Wehrmacht auf den „Führer“. Aber auch in einer intimen Partnerbeziehung besteht die Möglichkeit, diesen Wert mißzuverstehen, insbesondere dann, wenn er als „Nichtfremdgehen“ im Sinne von sexuellen Außenkontakten verstanden wird. Dies kann soweit gehen, daß eine herzliche körperliche Umarmung einer gegengeschlechtlichen Person als Auftakt zu einer sexuellen Beziehung mißdeutet und dem Partner „Untreue“ vorgeworfen wird. So wird dieser Wert als Waffe gegen den Partner mißbraucht. „*Wehe du wirst mir untreu!*“

Wie läßt sich nun Treue definieren?

Ich-Treue als Fundament der Beziehung

Aufgrund seiner bisherigen Lebenserfahrungen und in Abwägung seines Könnens orientiert sich ein Mensch mit Wissen und Willen auf bestimmte Werte hin. Er will Sinnvolles und Gutes tun, um seinem Ich Ausdruck zu verleihen, und ist damit zunächst einmal sich selbst treu, d.h. „Ich-Treu“.

In der Ausrichtung an guten Werten und auf gute Ziele hin gewinnt ein Mensch Kontur, die ihm Selbstachtung und die Anerkennung liebevoller und wissender Menschen sichert. Auf diesem Lebensweg muß ein Mensch auch Mühen, Verzicht, ggf. auch Verletzungen in Kauf nehmen. Wieviel er davon auf sich nehmen will, muß er unter Achtung der eigenen Würde für sich selbst entscheiden. Manche Belastungen und Verletzungen darf man um der Ich-Treue, der Treue zu sich selbst, willen nicht mehr zulassen. Besteht die Gefahr des Zerbrechens der Persönlichkeit und des Untergangs des eigenen Ich, dann ist die Fortsetzung auch einer ehelichen Partnerschaft mit Kindern nicht sinnvoll.

Wenn diese „Ich-Treue“ ganz fest und bewußt in einem Menschen verankert ist, werden innere Konflikte zwischen unterschiedlichen Motiven, Wünschen, Anforderungen und Bedürfnissen nicht in Form eines „inneren physischen Kampfes“ ausgeführt. Es siegt also nicht das „stärkere“ Motiv, sondern jene Gedanken und Überlegungen, die den Konflikt im Sinne der Grundüberzeugung der „Ich-Treue“ lösen.

Dieses Konzept der „Ich-Treue“ bedeutet auch, daß in jeder Ehe und Familie der einzelne immer auch in seiner Einmaligkeit gewürdigt wird. Das ist deshalb wichtig zu betonen, weil in manchen paartherapeutischen Konzepten in einem Ganzheitsdenken nicht nur das Ehe-Paar unter dem Begriff Familie subsumiert wird, sondern auch eine Abstandnahme von den Individuen geschieht. Dann wird das System Familie zu einer Kompakteinheit aus voneinander abhängigen Individuen. Und diese Einheit wird jenseits, praktisch „oberhalb“ dieser Individuen erklärt. Das Verhalten der Familienmitglieder (insbesondere das „auffällige“) wird dabei nicht mehr **auch** aus psychischen Dispositionen oder der jeweiligen Motivationslage verstanden, sondern funktional auf das Familienganze bezogen und von dort hergeleitet. Ja, es herrscht manchmal der simplifizierende Gedanke der vollständigen Interdependenz vor, der besagt, daß Änderungen an einer Stelle im System automatisch Änderungen auch sonst überall nach sich ziehen.

Als Beispiel für diese vollständige Interdependenz, die Auflösung stabiler innerer Grenzen und Subsysteme kann die paartherapeutische Idee der „Paarsynthese“ gelten, in der das Individuum nur noch unter dem Blick des Paares zu sehen ist. Diese apostrophiert das „Paradigma des Paares statt das des Menschen“.

Eine gute Tradition der Familientherapie will dagegen eine Systemdifferenzierung oder Subsystembildung in der Familie. Sie betont, daß das Funktionieren von Ehe und Familie an das Gelingen von stabiler interner Grenzziehung und Subsystembildung gebunden ist. In diesem Sinne ist ein klares Bekenntnis zur Ich-Treue eine deutliche und zum Gelingen einer Paarbeziehung vorauszusetzende Grenzziehung.

Du-Treue als Beziehungsebene zwischen Mann und Frau

Begegnen sich Mann und Frau auf der Basis der jeweiligen Ich-Treue, dann wird die Treue dialogisch; sie wird zur Du-Treue. In dieser Begegnung kann Liebe entstehen. Die Partner können sich durch die bestimmte und willentliche Zusage auf ihrem Lebensweg auf den Partner verlassen: *„In guten und in schlechten Zeiten“*, heißt es z.B. in der Trauformel der katholischen Kirche.

Diese Treue ist zwar auf Gegenseitigkeit angelegt, aber nicht im Sinne eines „do ut des“ – ich gebe, damit du gibst. Und auch nicht im Sinne eines Tauschgeschäftes. Sonst wird die Beziehung zur Beziehungsfalle, wie man im Märchen vom Froschkönig entdecken kann: *„Ich liebe dich, häßlicher, ekeliger Frosch, weil ich dich brauche und du mir die goldene Kugel aus dem Brunnen holen sollst.“*

Du-Treue nimmt den anderen wahr, freut sich an ihm „einfach so“, ohne Vorbedingung, und begleitet mit Freundlichkeit und Wohlwollen die persönliche Reifung und Entwicklung des Partners. Auf seiten des Partners wird das Wahrgenommensein gespürt, die Freude des anderen an einem selbst.

Nimmt allerdings die Entwicklung des Partners bedrohliche Formen an, oder ist das Verhältnis des Gebens und Nehmens nicht ausgewogen, kann es zu Spannungen zwischen Ich-Treue und Du-Treue kommen. Und so kann es passieren, daß man um der Ich-Treue willen, die eine zentrale ethische Aufgabe eines jeden Individuums ist, bei zu hohen existentiellen Kosten die Du-Treue kündigen muß. Dazu besteht in bestimmten Konstellationen, die sich in einer Partnerschaft entwickelt haben können, nicht nur die ethische Berechtigung, sondern die strikte Pflicht.

Z.B. kann in einem Beziehungssystem zwischen einem nicht-trockenen Alkoholiker und dem mitbeteiligten Partner als „Co-Alkoholiker“ deutlich werden, wie gerade dessen stützendes, deckendes oder auch reglementierendes und kontrollierendes Verhalten den anderen in der Abhängigkeit vom Alkohol unterstützt und wie gerade die Beendigung dieser Art des Umganges bis hin zum Bruch der Beziehung zur Erhaltung der „Ich-Treue“ beider(!) notwendig ist. Beider deshalb, weil die Beendigung der Beziehung den Anfang der Heilung des Alkoholkranken bedeuten kann.

Gesellschaftliche Treue als Fundament der Ich-Treue und der Du-Treue

Individuelles und soziales Leben läßt sich nur in einem sozial gesicherten Rahmen und mit sozialer Stützung realisieren. So werden dieser Rahmen und diese Stütze zur „gesellschaftlichen Treue“, in der sich Ich-Treue und Du-Treue realisieren lassen.

Der Mensch ist ein soziales Wesen, das sich in der Gemeinschaft handelnd entfaltet. Erfahrungen früherer Generationen über die Art und Weise menschlichen Zusammenlebens sind in die Entwicklung und Bereitstellung von Institutionen durch die Gesellschaft eingeflossen. Eine solche Institution ist die Ehe, deren institutioneller und rechtlicher Rahmen sich in der Gesetzgebung niedergeschlagen hat. Bei aller möglichen Kritik und auch der notwendigen Überprüfung und Verbesserung des Eherechtes ist es sinnvoll, daß sich Frau und Mann in der Partnerschaft der Entlastungen und Sicherungen, welche die Institution „Ehe“ bietet, z.B. im Steuerrecht, auch bedienen.

Vielleicht ist es möglich, unter den oben genannten Gedanken dem Thema „Untreue“ gelassener gegenüber zu treten und zu fragen, welche Funktion der „Seitensprung“ hatte. Manchmal kann man ihn als einen Sprung in die richtige Richtung deuten, z.B. wenn eine Ehe sehr symbiotisch gelebt wird und beide Partner daran zu ersticken drohen und wenn die „Untreue“ bewirkt, daß beide jetzt in Beratung sind und sich darüber klar werden, wie ihre Ehe funktioniert und was es zu ändern gilt.

Außenbeziehungen aus ethologischem Blickwinkel

Wichtig ist aber auch, sich dessen bewußt zu sein, daß jedes Paar Endpunkt einer evolutionären Entwicklungsgeschichte ist. Jeder von beiden hat in seinen Genen vier Millionen Jahre Gattungsgeschichte und damit Überlebensverhalten der Spezies „Mensch“ gespeichert. Deutlich wird dies z.B. im menschlichen Werbeverhalten. In westlichen Kulturen, die den Blick zwischen den Geschlechtern gestatten, schauen Männer und Frauen einen möglichen Partner oft zwei bis drei Sekunden lang direkt an. Dabei können sich als Zeichen höchsten Interesses die Pupillen weiten. Danach senkt der oder die Starrende die Lider und schaut weg. Solches Angeschautwerden läßt sich nicht ignorieren. Eine Antwort geschieht durch Lächeln und Anknüpfung eines Kontaktes oder durch Wegschauen und Rückzug. So liegen im Verhalten aller Menschen gemeinsame, unbewußte Tendenzen und Möglichkeiten. Diese entwickelten sich im Laufe von Jahrmillionen und sind in unserem genetischen Code, der DNS, fixiert.

Zwar bildete sich die Monogamie als brauchbare Möglichkeit des gemeinsamen Überlebens und insbesondere der Aufzucht des Nachwuchses heraus, aber warum sollte diese von Dauer sein? Es wird vermutet, daß die Paarbindung des Menschen ursprünglich nur so lange bestand, bis ein Einzelkind die Kleinkindphase beendet hatte, nämlich vier Jahre lang, es sei denn, es kam zu einer zweiten Empfängnis. Diese vier Jahre der Aufzucht können in Korrelation zu einem Scheidungsgipfel im vierten Ehejahr gesehen werden. In einer Zusammenstellung aller Scheidungszahlen für 62 Länder, Gebiete und ethnische Gruppen, in denen zwischen 1947 und 1989 Erhebungen stattfanden (188 Zielgruppen), kommt es zwischen dem zweiten und vierten Ehejahr zu den meisten Scheidungen, wobei das vierte Jahr die höchsten Zahlen aufweist.

Außerdem boten sexuelle Außenbeziehungen zumindest unter dem Blickwinkel der menschlichen Arterhaltung vor Jahrtausenden einige Vorteile. Sie ermöglichten biologische Vielfalt, denn wenn sich die Nachkommen in ihren Talenten und Fähigkeiten unterschieden, konnten einige dem gnadenlosen Streben der Natur, Individuen mit unzulänglichen Erbanlagen auszumerzen, entgehen. Außerdem konnte sich ein Mann der Urzeit eine jüngere Frau suchen. Diese war zur Geburt gesunder Nachkommen tauglicher. Die Frau dagegen konnte einen Partner wählen, der ihr mehr Schutz und Unterstützung bot.

Partnerschaftliche Grundwerte

Nach diesen Ausführungen zur Treue als wichtigem Fundament einer Partnerschaft sollen noch einige partnerschaftliche Grundwerte aufgezeigt werden.

Selbstbestimmung

Ein zentraler Wunsch jedes Menschen ist der nach Selbstbestimmung. Jeder möchte sein Leben selbst in die Hand nehmen, entscheiden, was und wie er etwas tut. Sein Verhalten soll frei sein von Reglementierung und Zwang durch den Partner, von Unterdrückung und Angst, wie von erheblichen inneren und äußeren Beeinträchtigungen durch ihn. Ist die eigene innere Kapazität zu großen Teilen durch Grübeleien, innere Dialoge mit dem Partner und Selbstgespräche gebunden, dann kann dieser Mensch nur sehr begrenzt Verantwortung für sich und sein Handeln wahrnehmen. Das hat negative Einflüsse etwa auf seinen Berufsalltag, aber noch in viel größerem Maße auf eine klare und offene Auseinandersetzung mit seinem Partner.

Die eigene Selbstbestimmung wird wahrgenommen in Achtung vor der Würde und Selbstbestimmung, vor der Ich-Treue des Partners. In der Praxis läßt sich folgendes beobachten: Je mehr ein Mensch seine eigene Würde, seine Ich-Treue achtet, um so mehr achtet er auch die des Partners.

Achtung vor der personalen Integrität und Würde des Partners

Unabhängig von ihrer Herkunft, der je eigenen Geschichte, der Rasse und des Geschlechts sind beide Partner gleichwertig. Beide haben das gleiche Recht zur Befriedigung ihrer wesentlichen seelischen und materiellen Bedürfnisse. Der Würde des Partners widersprechen psychische und physische Demütigungen und Mißachtung. Z.B. widerspricht diesem Grundwert, wenn ein Mann sich beruflich weiterentwickelt, während er die Neigung und den Wunsch seiner Frau, sich sportlich regelmäßig in einem Handballverein zu engagieren, durch Ablehnung und Unzuverlässigkeit in der Betreuung der gemeinsamen Kinder torpediert.

Entwicklung der leib-seelischen Funktions- und Leistungsfähigkeit

Nur ein Mensch, der sich um eine gesunde Seele und um einen gesunden Leib kümmert, kann Partner sein. Das beinhaltet vor allem Fähigkeiten wie selbständiges Denken, Schaffung kreativer Produkte, Kooperation mit anderen, Wissen um körperliche und seelische Gesunderhaltung, Selbstachtung, Echtheit (Fassadenfreiheit) und Offensein gegenüber dem eigenen Erleben und der Auseinandersetzung damit. Dadurch kann jeder Partner mit seiner qualifizierten Arbeit und Leistung zur Befriedigung der gemeinsamen ökonomischen und psychischen Gesundheit des Paares beitragen. Nur mit wachsender gefühlsmäßiger, sozialer und intellektueller Funktionsfähigkeit hat der einzelne Partner die innere Freiheit, die ihn zu Selbstbestimmung und Eigenverantwortung in der Partnerschaft befähigt.

Schließen also Krankheit oder körperliche Gebrechen eine Partnerschaft aus? Natürlich nicht, wenn Krankheit als Signal für ein Ungleichgewicht der leib-seelischen Befindlichkeit aufgefaßt wird und alles unternommen wird, das Gleichgewicht wieder ins Lot zu bekommen. Wird Krankheit dagegen als Druckmittel benutzt, *„Hör mit deinen Vorwürfen auf, ich bekomme sonst einen Herzanfall“*, wirkt sie partnerschaftszerstörend.

Achtung der sozialen Ordnung

Jede Gemeinschaft, auch jede Partnerschaft zwischen Mann und Frau entwickelt im Verlaufe des Miteinanders Regeln und Normen. Diese bleiben oftmals unausgesprochen, sind aber in jeder Beziehung wahrnehmbar. Sie schützen das soziale Zusammenleben und insbesondere die drei vorgenannten Werte vor dem Mißbrauch der persönlichen Freiheit durch den anderen in Form von Gewalt oder verantwortungslosem, rücksichtslosem Handeln. Sie fördern die Kooperation beider Partner.

So ist es für jeden einsichtig, daß z.B. ungezügelte Spielleidenschaft oder Kaufsucht eines Partners eine solche ungeschriebene Regel des sozialen Systems Paar verletzen würden, da sie im Extremfall den wirtschaftlichen Ruin bedeutet.

Diese Regeln sind nicht für alle Zeiten festgeschrieben und unveränderlich; sie bedürfen aber insbesondere im Konfliktfall der Überprüfung. Sie stehen in Gefahr, von rigiden und dogmatischen Personen dazu benutzt zu werden, manchmal hohe Ideale und Ziele, inhumanes oder unterdrückendes Verhalten zu rechtfertigen. Manchmal meinen Menschen, wegen „Untreue“ eines Partners eine gewachsene Beziehung oder das Zusammenleben in einer Familie beenden zu müssen, weil sie dies für einen „unheilbaren Riß des Vertrauensverhältnisses“ halten.

Liebe

Ich weiß,

daß Liebe ein großes Wort ist.
Aber für mich hat es
nicht mehr das Gewicht.

Entbrennt die Liebe intensiv,
ist es einfach wunderbar –
rundherum wird alles unsichtbar.
Aber hält die Liebe ihren Erholungsschlaf,
werden die Dinge umher
gestochen scharf.
Was gibt es dann
in einer Partnerschaft?
Für mich sind es Achtung und Respekt
vor dem andern.
Und dabei meine Würde zu bewahren.
Liebe ist dabei ein schönes Nebending.

Zusammenfassung

Treue zu sich selbst, „Ich-Treue", wurde als Grundlage einer „Du-Treue" in einer intimen Partnerbeziehung vorgestellt. Basis dieser beiden ist die „Gesellschaftliche Treue". Inhaltlich gefüllt wird diese Treue mit den partnerschaftlichen Werten: Selbstbestimmung, Achtung vor der personalen Integrität und Würde des Partners, Entwicklung der leib-seelischen Funktions- und Leistungsfähigkeit und Achtung der sozialen Ordnung des Paares.

Übung

Nehmen Sie sich einen Karton und zeichnen Sie darauf einen Kreis. Dann zählen Sie sich einmal alle Ihre Aktivitäten, Ihre Energien, Ihre Fähigkeiten auf, die Sie in Ihrem Leben einsetzen. Versuchen Sie diese prozentual zu gewichten. Dann portionieren Sie den Kreis wie einen Kuchen und zwar so, daß die einzelnen Kuchenstücke den Gewichtungen Ihrer Energien entsprechen. Untersuchen Sie anschließend, inwieweit Sie sich selbst beim Verteilen Ihrer Aktivitäten im Blick haben, wie Sie also Ihre Ich-Treue leben. Falls Sie mit diesen Gewichtungen nicht einverstanden sind, dann malen Sie erneut einen Kreis und tragen darin Ihre Zielvorstellungen ein.

Wenn Sie Interesse daran haben, tauschen Sie das Ergebnis mit Ihrem Partner aus.

7. Entspannung: Voraussetzung für Veränderungen

Betrachtet man von außen, wie ein Paar sich in Streit und Auseinandersetzung verhält, so fällt meist die hohe emotionale Erregtheit beider auf. Diese hat viele Formen: lautes Schreien, krampfhaftes Bemühen um Fassung, trotziges Verbohrtsein, mit viel Mühe den andern „totschweigen", nicht wahrnehmen wollen ... Diese emotionale Erregung kostet viel Kraft, die dann für eine konstruktive Auseinandersetzung und positive Gestaltung der Situation zu zweit fehlt. Gravierender aber ist, daß diese Erregung weder eine gelassene Sicht der Situation noch ein adäquates Handeln und Verhalten möglich macht. In solchen Situationen reagieren Menschen eben mit Mustern wie Kampf oder Rückzug, die ihnen die Evolution – zum Überleben – vererbt hat. So kann dann ein schneller Gang zum Rechtsanwalt, um dem Partner mit Scheidung zu drohen, eine ungewollte Lawine auslösen, die einen Anwalt leichtes Geld verdienen läßt. Im Rahmen der Eheberatung melden sich immer wieder Paare, die schon als Paar eine Scheidung hinter sich haben, die aber feststellen mußten, daß diese ihnen außer beträchtlichen Kosten auch nicht die Lösung ihrer Schwierigkeiten gebracht hat.

Außerdem reagieren Menschen in hoher Erregung oft mit automatischen Verhaltensmustern. Diese sind für sie zwar höchst unbefriedigend, aber sie wissen nicht, wie sie es ändern können. So berichten Paare davon, daß zwischen ihnen immer wieder existentiell bedrohliche Streit- und Kampfsituationen ausbrechen, an deren Auslöser sie sich aber hinterher nicht mehr erinnern können.

Wenn Partner diesen Teufelskreis durchbrechen und lernen wollen, sich anders zu verhalten, so ist eine wichtige Voraussetzung dafür, zu lernen, sich zu entspannen. Aus der Entspannung heraus ist es leichter möglich, die Gesamtschau der Situation zu behalten. Das bedeutet konkret auch, nicht aus dem Auge zu verlieren, was alles in der Beziehung miteinander gelingt.

Manche Menschen sind leider kaum noch in der Lage, sich zu entspannen oder wissen gar nicht, wie das geht. Hier sind z.B. Kurse im Rahmen von Krankenkassen oder Volkshochschulen zu autogenem Training angezeigt. Aber auch regelmäßiger und mäßiger Sport hilft, in die Entspannung zu kommen.

Ruhe
Allmählich werd ich ruhiger -
ich hoffe, daß es so bleibt.
Manches ist wohl doch
einfach vorbestimmt,
und manches richtet die Zeit.

Zusammenfassung
Alle Bemühungen, im Miteinander des Paares etwas zu verändern, setzen die Fähigkeit voraus, sich entspannen zu können.

Übung

Legen Sie sich flach auf den Boden. Wenn Sie mögen, können Sie entspannende Musik (mit 60 Hertz Frequenz) im Hintergrund abspielen lassen. Sorgen Sie, etwa durch eine wärmende Unterlage, dafür, daß Sie nicht frieren. Dann wandern Sie durch Ihren Körper, indem Sie bei dem rechten Fuß anfangen, diesen anzuspannen, drei Sekunden die Spannung zu halten und dann wieder zu entspannen. Das machen Sie insgesamt dreimal mit dem rechten Fuß, um dann zu Ihrer rechten Wade zu wandern. Diese spannen und lösen Sie ebenfalls dreimal und gehen so durch Ihren Körper, über den Oberschenkel, wechseln dann zum linken Fuß, Wade, Oberschenkel. Dann spannen Sie Ihr Becken, Ihren Bauch und Ihre Brust an; sodann die rechte Faust, Unterarm, Oberarm, dann die linke Seite. Dann konzentrieren Sie sich auf Ihren Hals, dann das Gesicht, bis Sie Ihre Kopfhaut erreicht haben.

Diese Übung sollten Sie regelmäßig durchführen, unabhängig davon, ob Sie gerade Streß in Ihrer Beziehung haben oder nicht, damit Sie bei Bedarf, also in Streßzeiten, gelernt haben, sich zu entspannen.

8. Was für ein Paar sind wir eigentlich?

Paare, die Probleme miteinander haben, sind vielfach nicht in der Lage, genau zu beschreiben, was ihnen im Miteinander schwerfällt. Beide haben nur ein unwohles Gefühl, das sie irgendwie loswerden wollen, und ihre entsprechenden Beschwerden können sie nur vage formulieren. Vielleicht haben sie sich schon nächtelang unterhalten, ohne jedoch die Beziehung klären zu können. Manchmal, scheint es ihnen, macht das Reden alles nur schlimmer. Beide fühlen sich wie in einer Zwickmühle gefangen, aus der sie sich selbst nicht befreien können.

Sehr hilfreich für solche Paare ist es, wenn sie sich als Paar in einer Gruppe „präsentieren" können. Hier nehmen die andern Gruppenmitglieder Aspekte und Verhaltensweisen wahr, die ihnen selbst in ihrer „Betriebsblindheit" nicht mehr auffallen.

Als beim ersten Treffen einer paartherapeutischen Gruppe nur die Ehefrau anwesend war, beschrieb sie der Gruppe ihren abwesenden Ehemann. Am nächsten Abend war dieser dann selbst anwesend. Bevor er etwas von sich erzählte, wurden die Gruppenmitglieder von der Leitung nach ihrem ersten spontanen Eindruck von ihm gefragt. Es kamen Rückmeldungen wie: *„zart, sensibel, fein, scheu, zurückhaltend, angenehm"*. Anschließend wurden die Teilnehmer gefragt, wie sie diesen Mann aus der Beschreibung der Frau in Erinnerung hätten. Darauf sagten sie: *„groß, ein Kreuz wie ein Kleiderschrank, Anzug mit dickem Krawattenknoten, aggressiv"*. Die Frau war über die Wahrnehmung der Gruppe ganz erschrocken, denn sie hatte unbewußt beim ersten Mal ein Bild ihres Mannes vorgestellt, das mit dem ihres eigenen Vaters identisch war.

Diese Begebenheit macht deutlich, daß Partner nach einer gewissen Zeit des Zusammenlebens den Partner gleichsam durch eine Brille wahrnehmen, die ihn verzerrt, verändert, ja ganz anders erscheinen läßt als denjenigen, den man einmal geheiratet hat. *Sigmund Freud* bezeichnete dieses Phänomen als „Übertragung".

D.h., wir „übertragen“ auf den Partner unbewußt Gestalten aus unserer frühen Kindheit, mit denen uns noch ungelöste innere Konflikte verbinden.

Damit eine partnerschaftliche Beziehung zwischen Frau und Mann wachsen kann, ist es notwendig, solche „Übertragungsnebel“ zu lichten. Ein guter Ausgangspunkt dafür ist die kreative Trance, die im Rahmen der Gruppentherapie unter kompetenter Leitung angewendet wird. In dieser ist es möglich, aus einer tiefen Entspannung heraus sich sein Leben wie aus der Vogelperspektive zu betrachten. Anschließend werden diese Betrachtungen durch Formen und Farben in einem Bild oder durch das Formen von Ton ausgedrückt.

Ton in meinen Händen

Warum so viele Tränen um ein Stück Ton.
Soviel Gefühl für ein Stück feuchte, kalte Erde.
Ich weiß nicht, was mit mir passiert.
Ich knete und forme, als ginge es um mein Leben.
Ich brauche nichts zu sehen.
Es kommt ganz tief aus mir heraus.
Etwas nimmt Gestalt an dort in meinen Händen.
Tränen über Tränen.
Viele werden fest umschlossen vom geformten Ton.
Irgendwann ist dann alles getan.
Augen öffnen und schauen.
Ungläubiges Erstaunen,
daß wirklich etwas entstanden ist.
– Eine Figur aus Ton –

Figur aus Ton

Was hat Du mich erschreckt!
Ein Monster bist Du für mich, ohne Herz.
Doch welch ein Glück für Dich!
Es gibt auch Menschen, die sehen Dich ganz anders.
Von verschlungenem Paar über beschützende Madonna
bis hin zum Indianer, der um Frieden bittet.
Ist wohl vielleicht doch etwas Gutes darin?

Zusammenfassung

Zum Aufbau einer Partnerschaft ist es wichtig, immer einmal wieder innezuhalten und aus einer entspannten inneren Haltung heraus sich als Paar mit seinen Problemen, aber auch mit seinen Stärken wahrzunehmen. Gibt es darüber untereinander große Uneinigkeit, ist es sinnvoll, im Rahmen einer therapeutischen Gruppe die eigene Idee über sich als Paar durch die Erfahrungen der anderen ergänzen bzw. korrigieren zu lassen.

Übung

Bringen Sie sich innerhalb von 15-20 Minuten in eine innere Entspannung (etwa durch die Übung in Kapitel 7). Anschließend stellen Sie sich vor, daß Sie nach einem langen anstrengenden Arbeitstag gerade rechtzeitig noch eine Theatervorstellung erreicht haben. Sie sinken ganz entspannt in den Sessel und warten voll Vorfreude auf das Bühnenstück. Dann geht der Vorhang auf, und Sie erleben ein Stück, in dem zwei Personen die Hauptrollen spielen. Nach einiger Zeit merken Sie, daß Sie es selbst sind, Sie als Paar, und Sie betrachten in aller Gelassenheit, wie beide miteinander umgehen, sich berühren, Sexualität leben oder vermeiden, sich streiten, Kontakt zu Nachbarn und Verwandten pflegen, mit den Kindern umgehen ...

Haben Sie genug auf der Bühne gesehen, dann schließen Sie wieder den inneren Vorhang und kommen mit einigen tiefen Atemzügen in die Realität zurück.

Dann nehmen Sie ein Stück Ton und versuchen nun, mit geschlossenen Augen (!) das, was Sie zuvor auf der Bühne erlebt haben, in diesem Ton auszudrücken. Sie stellen also sich als Paar in dieser Tonplastik dar. Wenn Sie damit fertig sind, öffnen Sie die Augen und lassen sich von diesem Werk beeindrucken. Schauen Sie es von allen Seiten an, nehmen Sie es auch aus einigen Metern Abstand und auch von der Seite und von hinten wahr. Dann geben Sie dem Werk eine Überschrift. Vielleicht fallen Ihnen auch einige Sätze oder ein kleines Gedicht dazu ein. Danach stellen Sie Ihre Tonplastik Ihrem Partner vor und tauschen sich miteinander darüber aus. Vielleicht fragen Sie auch Freunde oder – in einer Gruppe – die anderen Teilnehmer, wie sie die Figur und in Beziehung damit Ihr Verhalten als Paar erleben. So lernen Sie immer mehr über sich selbst und sich als Paar zu verstehen. Aus dieser Diagnose heraus gelingt es dann in der Regel leichter, genau zu beschreiben, wo im Miteinander „der Schuh drückt“ und was es genau zu ändern bzw. hinzuzulernen gilt.

Übung

Folgende Übung ermöglicht ebenfalls, sich mit Hilfe von Erwartungen an Ihre Ehe, ein Bild von dem augenblicklichen Stand der Partnerschaft zu machen.

Schreiben Sie dazu die folgenden Äußerungen auf eine Karte und sortieren Sie diese jeder für sich nach folgendem Muster:
a: Ich erwarte von meiner/unserer Ehe:
b: Ich erwarte von meiner/unserer Ehe nicht:
c: Ich bin unsicher:

- daß sie ein Leben lang hält
- daß ich auf manches verzichten muß
- daß es nur ganz selten Streit gibt
- daß Treue das Wichtigste für uns beide ist
- daß wir keine Geheimnisse voreinander haben
- daß ich mich auf dich absolut verlassen kann
- das wir uns alles verzeihen
- daß wir gerade in schlechten Tagen zusammenhalten
- daß wir durch dick und dünn gehen
- daß ich genügend Zeit und Freiraum für mich alleine habe
- daß wir uns die Alltagsarbeit (Haushalt etc.) gerecht teilen
- daß wir auch mal getrennt Urlaub machen können
- daß wir viele gemeinsame Freunde und Freundinnen haben
- daß du auch deine eigenen Freunde und Freundinnen hast
- daß ich mich selbst verwirklichen kann
- daß wir viele gemeinsame Interessen und Aktivitäten haben
- daß du mein bester Freund, meine beste Freundin bist
- daß wir in finanziell gesicherten Verhältnissen leben
- daß die Kindererziehung unser gemeinsames Anliegen ist
- daß wir gegenüber unseren Verwandten (vor allem unseren Eltern) zusammenhalten
- daß Religion für uns beide ganz wichtig ist
- daß in erster Linie der Mann für den Lebensunterhalt der Familie verantwortlich ist
- daß es immer wieder mal romantische Situationen gibt
- daß der Sex mit dir Spaß macht
- daß du mich glücklich machst

- daß ich auch mal zurückstecken muß, wenn du etwas erreichen willst
- daß ich auch mal um dich kämpfen muß
- daß wir Schwierigkeiten und Probleme unter uns beiden ausmachen können
- daß wir Kinder bekommen
- daß wir beide zum Lebensunterhalt beitragen
- daß wir öfter mal etwas gemeinsam unternehmen
- daß wir uns in finanziellen Schwierigkeiten von den Eltern helfen lassen
- daß wir Streit vermeiden und uns gütlich einigen
- daß wir in der Kindererziehung an einem Strang ziehen
- daß wir gegenseitig uns begründen, wofür jeder das Geld ausgibt
- daß im großen und ganzen der Mann das Sagen in Familienangelegenheiten hat
- daß wir die Ehe unserer Eltern als Vorbild nehmen.
- daß wir unsere Freizeit auch zusammen verbringen
- daß eine Mutter mit kleinen Kindern nur dann berufstätig ist, wenn die Familie auf das Geld angewiesen ist
- daß die Frau für den Haushalt verantwortlich ist

Lassen Sie sich für das Sortieren der Aussagen etwa eine Stunde Zeit. Sodann tauschen Sie sich mit Ihren Partner über die Ergebnisse aus. Insbesondere an den Punkten, wo Sie unterschiedlicher Meinung sind, diskutieren Sie Ihre Meinungen.

Weitere Möglichkeit:
Sie kopieren die Seite aus dem Buch und kreuzen die einzelnen Aussagen unter dem Gesichtspunkt „stimme zu – stimme nicht zu“, an und besprechen insbesondere die Punkte, an denen Sie unterschiedlicher Meinung sind.

9. Störendes Verhalten als Kompetenz

Da reagiert jemand schnell trotzig, ist für keine Argumente mehr offen und verhält sich wie ein Vierjähriger im besten Trotzalter. Ein anderer kann alles, weiß alles besser und richtiger und mag sich vom Partner „nichts sagen lassen". Verhaltensweisen, die zum Beginn einer Beziehung noch nicht auffallen oder von denen man glaubt, „sind wir erst einmal verheiratet, wird sich das schon ändern". In jeder Beziehung gibt es solche Verhaltensweisen, die dysfunktional für ein partnerschaftliches Miteinander sind. Manchmal kommt hinzu, daß der „Störenfried" (er oder sie!) sein Verhalten völlig „stimmig und normal" findet. Erst in der Außenperspektive des betroffenen Partners (bzw. des Nachbarn oder Arbeitskollegen) fällt dieses Verhalten als unangemessen auf. Betrachtet der/die Partner(in) es noch als persönlichen Angriff durch den Partner, dann löst das oftmals eine Spirale der Verschlechterung der Beziehung aus. Vor allem dann, wenn man sich selbst die Schuld für das Verhalten des Partners gibt, etwa mit Gedanken wie: „Ich müßte ja vielleicht auch netter zu ihm sein", oder: „Morgen koche ich ihm mal was besonders Gutes, dann geht es ihm bestimmt wieder besser." Leider führen diese Gedanken und Handlungen in der Regel **nicht** zu dem erwünschten Ergebnis der Verbesserung der Beziehung. Ja, ganz im Gegenteil kann es sein, daß der „Störenfried" sich in seinem Verhalten erst recht bestätigt fühlt. Ein Eifersüchtiger wird durch genaue Rechenschaftsberichte nur noch in seiner Eifersucht bestätigt. Ein Depressiver wird durch vermehrte Fürsorge nur noch hilfloser, wird sich inkompetent fühlen und in seiner Depression verharren.

Ein wichtiger Gesichtspunkt zur Beurteilung dieser „Störungen" ist es, daß es sich dabei nicht um ein böswilliges Verhalten des Partners handelt, sondern um seine Art, sich in einer nahen Beziehung zu verhalten. Diese hat er bereits sehr früh gelernt, nämlich in seiner Herkunftsfamilie. Dort mußte er sich einrichten, auf bestimmte Situationen reagieren und Verhaltensweisen entwickeln, die **damals** höchst hilfreich und oftmals überlebenswichtig waren.

Betrachten wir ein neugeborenes Kind, so erleben wir ein höchst aktives Wesen, das von sich aus mit der Umwelt Kontakt aufnimmt und von dieser Anregungen bekommen will. Erwachsene Menschen haben andererseits ein intuitives angeborenes Elternverhalten, das sie in die Lage vesetzt, den Säugling und ihre heranwachsenden Kinder entsprechend zu fördern. Sind die Eltern aber „schlecht drauf", haben sie etwa ein angespanntes Verhältnis miteinander, dann kann es zu empfindlichen Störungen ihres intuitiven Elternverhaltens kommen. Für das Kind bedeutet das, daß es irgend etwas „Verrücktes" lernen muß, um mit seinen Eltern klarzukommen, um schlimmstenfalls nicht „totgeschlagen" zu werden. So können Menschen z.B. sehr früh lernen müssen, sich das „Fühlen" abzugewöhnen, die eigenen Impulse zu unterdrücken und still zu werden.

Z.B. zeichnete sich ein Mann in der Beziehung zu seiner Frau dadurch aus, zu allem eher „Nein" zu sagen, was natürlich einen Dauerstreß bei den kleinsten Entscheidungen des Alltags auslöste. Der Vater dieses Mannes hatte versucht, seinem vierjährigen Sohn Lesen und Schreiben beizubringen, freies Spielen mit Freunden wurde stark reglementiert, um das Kind intensiv zu fördern und auf das Abitur vorzubereiten.

Erkennt man in einer Ehe miteinander den Aspekt, unter dem der Partner, die Partnerin der Mensch geworden ist, der er/sie ist, so betrachtet man fortan den Partner unter einem ganz neuen Blickwinkel. Plötzlich verstehen beide, daß das „Nein" zu allem eigentlich nicht dem Partner heute gilt, sondern daß es sich dabei um eine alte Verhaltensweise aus der Herkunftsfamilie handelt. Dann handelt der Neinsager nicht wie ein erwachsener Mensch, sondern wie das Kind, das er einmal war und das sich irgendwie gegen den übermächtigen Vater abgrenzen mußte.

Andere Kinder bewältigten eine solche Situation vielleicht ganz anders. Sie paßten sich dem Druck völlig an, brachten Höchstleistungen in der Schule, haben dabei aber das Gefühl für sich selbst verloren. Vielleicht entwickeln sie auch psychosomatische Beschwerden, verweigern in der Pubertät das Essen und wehren sich dadurch. Vielleicht essen sie aber auch so viel, daß sie sich damit einen Schutzpanzer anlegen.

An diesem Beispiel wird deutlich, daß Menschen eine unterschiedliche genetische Ausstattung haben und infolgedessen mit Streßsituationen je anders umgehen und je für sich selbst passende Schutzmechanismen entwickeln. So wird dann auf einmal **verständlich**, was vorher unbegreifliches Verhalten in der Partnerschaft war.

Diese Sichtweise – auf die Geschichte, den Ursprung einer „Störung" – ermöglicht eine Versöhnung mit dem vorher abgelehnten und bekämpften Verhalten, und das nicht nur auf seiten des „genervten“ Partners, sondern erst recht auf seiten desjenigen selbst, der sich dysfunktional in einer Partnerschaft verhält. Aus dieser eigenen inneren Versöhnung heraus: „*Ja, das bin ich auch, dieses Verhalten mußte ich einmal lernen, um mein Leben damals zu bewältigen!*“, ist ein Reifen und Hinzulernen anderer partnerschaftsfördernder Verhaltensweisen möglich.

Der „Neinsager“, dessen „Nein“ dem Vater galt und das bisher seine Partnerschaft so belastete, kann nun erfahren, wie entspannt er sich im Rahmen der wohlwollenden Atmosphäre einer Gruppentherapie erleben kann: Die anderen Gruppenmitglieder nehmen ihn so, wie er ist, und haben keine Leistungserwartungen an ihn. Er kann langsam lernen, sich umzustellen und es zu glauben, wenn auch sein Partner ihm sagt, daß er von ihm keine Leistung will. – Oder jemand kann lernen, daß hinter Komplimenten keine Verführungsabsichten – wie in der Kindheit – stecken, und erfahren, wie schön es sein kann, die Komplimente einfach zu genießen.

Zusammenfassung

Störende Verhaltensweisen in einer Partnerschaft haben ihre Ursache oftmals in der individuellen Lerngeschichte, wie nahe Beziehungen zu gestalten waren. Durch eine Sichtweise, die „Störung“ als frühe Kompetenz zu betrachten, die allerdings heute im Miteinander dysfunktional sein kann, ist ein gelasseneres Umgehen mit ihr möglich. Mit einer solchen versöhnten Einstellung lassen sich dann auch andere, partnerschaftsfördernde Verhaltensweisen lernen.

Übung

Bereiten Sie sich durch eine Entspannung auf die Übung vor (wie Kap. 7). Versetzen Sie sich sodann zurück in Ihre Kindheit. Stellen Sie sich innerlich vor, daß Sie zu dem Kind werden, das Sie einmal waren. Was haben Sie gerade an? Wo befinden Sie sich? Nehmen Sie irgendwelche Gerüche wahr? Wer ist noch da? Was erleben Sie? Machen Sie diese Reise durch Ihre Kindheit, durch Ihre Erfahrungen mit nahen Beziehungen; lassen Sie sich ziellos treiben; verweilen Sie, wo es wichtig ist. Nach etwa 20-30 Minuten beenden Sie die Reise und kommen mit einigen tiefen Atemzügen in die Realität zurück.

Dann versuchen Sie, Ihr Erleben mit Formen und Farben (DIN-A3-Plakat/Ölmalkreiden) auszudrücken. Strengen Sie sich dabei nicht zu sehr an, sondern lassen Sie eher Ihre Hände automatisch malen. Falls ein Bild nicht reicht, malen Sie mehrere. Haben Sie das Malen abgeschlossen, lassen Sie sich von Ihrem Bild beeindrucken. Sie betrachten es von allen Seiten, aus einiger Entfernung und schreiben dann Ihre Gedanken dazu auf, vielleicht ein Gedicht, das Ihnen zum Bild einfällt. Geben Sie dem Bild zum Schluß eine passende Überschrift.

Dann nehmen Sie sich ganz viel Zeit, Ihrem Partner von dem kleinen Mädchen oder dem kleinen Jungen von damals zu erzählen.

10. Das Mädchen von damals – der Junge von damals

Vielleicht sind Sie jetzt aufgrund des vorherigen Kapitels ein wenig neugierig geworden auf das kleine Kind, das manchmal in ganz unterschiedlichen Altersstufen und Facetten in Ihrem Partner und in Ihnen selbst sichtbar und lebendig wird? Es gilt also genauer zu fragen, wie jeder so geworden ist, wie er ist, und was er in diese Ihre einmalige Partnerschaft an Beziehungserfahrungen mitgebracht hat. Entwickeln Sie nämlich Verständnis dafür, ist das die beste Voraussetzung, sich Strategien zur Bewältigung und Lösung anstehender Beziehungprobleme zu erarbeiten.

Da läuft z.B. bei Ihnen beiden etwas ab, was Sie nicht verstehen, kaum benennen können. Sie handeln beide nach immer wiederkehrenden destruktiven Mustern oder verstricken sich ineinander wie Marionetten, an unsichtbaren Fäden bewegt. Da werden aus nichtigen Anlässen existentiell zerstörerische Explosionen. Vielleicht beschreiben Sie solche Phänomene mit Worten wie: *„Irgendwie habe ich den Eindruck, im falschen Film zu sitzen!"* *Sigmund Freud* beschrieb dieses Phänomen und bezeichnete es als Übertragung. Er hatte festgestellt, daß diese „Übertragungen" ihrer Natur nach sich nicht dadurch unterscheiden, ob sie etwa dem Analytiker oder irgendeiner anderen Person gelten, also auch dem eigenen Ehepartner gelten können.

Durch folgendes Geschehen werden diese Übertragungen ausgelöst. Frühere Beziehungserfahrungen können sich unbewußt im Miteinander eines Paares in der Gegenwart so stark aktualisieren, daß die Beziehung eine pathologische Qualität bekommt. Deshalb „pathologisch", weil eine Fixierung stattgefunden hat und kein anderes Verhalten möglich scheint. Diese Fixierung beruht auf pathogenen Beziehungserfahrungen aus der Entwicklungsgeschichte des einzelnen. Deshalb ist es für die Entwicklung einer gelingenden Interaktions- und Kommunikationsform auf gleichberechtigtem Niveau für das Paar entscheidend, diese Übertragungsphänomene bewußt zu machen und sie langsam aufzulösen.

Die pathologische Fixierung ist eine der Hauptursachen für die Probleme eines Paares. Allerdings ist es recht schwierig, allein und ohne therapeutische Unterstützung, die am besten im Rahmen einer Gruppentherapie geschieht, diesen Übertragungsphänomenen auf die Spur zu kommen. Wenn Sie sich also immer wieder aus nichtigen Anlässen miteinander verstricken, können Sie sicher sein, daß unbewußte Übertragungen der Hauptgrund Ihrer Störungen sind.

In der Integrativen Paartherapie wird in der Phase der Partnerwerdung der Frage nachgegangen, wie der einzelne sich entwickeln konnte, zum Partner wurde, welche menschlichen Begegnungserfahrungen er gemacht hat und damit zu dem Menschen wurde, der er heute ist. Denn Mensch wird man nur durch die Mitmenschen, durch Dialog und durch wechselseitige Einfühlung. Deshalb ist es wichtig festzustellen, was der einzelne an pathogenen (krankmachenden), aber auch an salutogenen (gesunden) Erfahrungen als Partnerqualitäten mit in die Beziehung einbringt.

Dieses Bewußtmachen – insbesondere der Probleme der Kindheit – stößt bei vielen Zeitgenossen auf Skepsis. Sie fragen sich, was der Blick zurück denn bringen soll. Und für manche Menschen kann es auch besser sein, alte Geschichten zu verdrängen und zu vergessen. Kommt man aber als Paar immer wieder an dieselben Schwierigkeiten, ist das Verstehen der individuellen Lerngeschichte der Interaktionen wichtig. Psychotherapeutische Forschungsergebnisse empfehlen für Paartherapie, die Klärung der Probleme mit ihrer Bewältigung zu koppeln.

Es ist jedoch zu beachten, daß die „Partnerwerdung“ ein Prozeß über die gesamte Lebensspanne hin ist und daß auch Erwachsene einer ungeheuren Vielfalt von Einflüssen auf ihre Persönlichkeit, ihre Identität, ihr Selbstbild und ihr Selbst ausgesetzt sind. Negative Einflüsse in der Kindheit und Jugend müssen nicht notwendigerweise Beziehungsstörungen zur Folge haben. So können ganz im Gegenteil Menschen, die bereits als Kinder Belastungen und Krisensituationen erfahren haben, für die Bewältigung späterer Krisen besser gerüstet sein als solche, deren Kindheit glatt und wohlbehütet verlaufen ist.

Um zu seinen Beziehungsqualitäten Zugang zu finden, erstellt jeder einzelne Partner unter therapeutischer Anleitung ein Beziehungspanorama. Dazu werden die Partner im Rahmen einer Entspannungsübung in einen hypnoiden Zustand versetzt, der sich durch eine gewisse Loslösung vom Alltag durch körperliche und geistig-seelische Entspannung beschreiben läßt. Die Aufmerksamkeit wendet sich dann langsam von der augenblicklich real erlebten Paarbeziehung realitätsfremden Ebenen zu, nämlich über die einzelnen Begegnungen des eigenen Lebens zurück bis zum Zeitpunkt der Geburt, ja selbst der Zeitpunkt der Zeugung kann imaginiert werden. Wichtig sind dabei immer sowohl pathogene als auch salutogene Erfahrungen.

Dabei kommt es zu einer Art Nacherleben. Damit ist gemeint, daß tatsächlich Vergangenes, innere Bilder, Stimmungen, Atmosphären, Affekte, Phantasien (etwa über die Art der Beziehung der Eltern zum Zeitpunkt der Zeugung) auftauchen. Danach wird das Erlebte in einem schöpferischen Akt von jedem einzelnen durch Formen und Farben auf einem großen Blatt Papier dargestellt. Diese Darstellungen nehmen unterschiedlichste Formen an: Einmal werden verschiedene Szenen im Bild dargestellt. Oder eine einzelne Szene, etwa der Junge, der hinter seiner Mutter herweint, die ihn im Kinderheim abgegeben hat, hat plötzlich ein solches Gewicht bekommen, daß sie das ganze Blatt ausfüllt. Manchmal wird auch der Fluß des eigenen Lebens in Formen und Farben ausgedrückt. Oftmals ist in der Darstellung eine Szene, ein Bild als „pars pro toto“ für eine ganze Ereigniskette zusammenhängender pathogener oder salutogener Erfahrungen zu finden.

Ist das Bild gestaltet, hat der einzelne noch einmal Zeit, sein Bild in Ruhe zu betrachten, sich von seinem Werk beeindrucken zu lassen. Dieser Eindruck wird dann wieder ausgedrückt, indem jeder einen Titel für das Bild, ein paar Gedanken oder etwa ein Gedicht (im Sinne von etwas „ver-dichten“) aufschreibt.

Danach stellen sich die Partner gegenseitig ihr Beziehungspanorama und ihren Text vor. In einer Gruppe tun sie dies unter den Augen aller Teilnehmer.

Das Vorstellen der Bilder hat oft zur Folge, daß einzelne prävalent pathogene Szenen sich in den Vordergrund drängen, ganz ähnlich wie dies im Beziehungsgefüge des Paares geschieht. Dies fällt etwa dadurch auf, daß die Inhalte des Berichtes und erkennbare äußere Gestik auseinanderklaffen, daß die Stimme eine besondere Färbung bekommt oder daß bestimmte Körperbewegungen ausgeführt werden, ohne daß ein augenblicklich passender Sinn entdeckbar ist.

So fuhr sich ein Mann während seiner „nüchtern“ und „cool“ vorgetragenen Schilderung der regelmäßigen Prügelszenen durch den Vater und seines schutzlosen Ausgesetztseins immer wieder mit beiden Händen durchs Gesicht. Diese Geste war dem Therapeuten schon häufiger in Gesprächen mit dem Paar aufgefallen, ohne daß bisher eine passende Gelegenheit dagewesen wäre, dies anzusprechen. Jetzt wurde der Klient in seiner „Schilderung“ unterbrochen und gebeten, sich nur auf diese Geste zu zentrieren und sie einige Male zu wiederholen. Plötzlich wurde er ganz traurig, begann zu weinen und **spürte** sein Ausgeliefertsein gegenüber dem Vater. Die Gestalt des Vaters, obwohl schon lange tot, war plötzlich für alle Gruppenteilnehmer spürbar lebendig und anwesend.

Ist dieser Punkt erreicht, d.h. ist der Klient bei seinen „wirklichen“ Themen angelangt, setzt der erste Weg zur Heilung ein. Denn verdrängte Erinnerungen, eingegraben in das Gedächtnis des Leibes, nicht direkt verfügbar und doch bestimmend für das Handeln im Sinne eines Wiederholungszwanges, werden ins Bewußtsein zurückgeholt und bekommen durch das Nacherleben der alten Szene wieder ihren zugehörigen Sinnzusammenhang. Dabei geschieht es oftmals, daß der Klient regrediert, sich wieder in die Rolle von damals versetzt, das Kind, das er einmal war, ist plötzlich wieder ganz lebendig.

Die Regression wird in der Integrativen Paartherapie vor allem dadurch möglich, daß der Klient sich jetzt in der sicheren Verbindung und zuverlässigen Beziehung mit dem Therapeuten weiß; so kann er sich lange verdrängten Szenen und Erlebnissen stellen, sie wieder in seinem Bewußtsein zulassen und vor allem die damit zusammenhängenden Gefühle spüren.

In der wissenschaftlichen Literatur wird der Begriff „Regression“ mit dem der „Fixierung“ gepaart. So führt eine Fixierung bei einem Paar zu Wiederholungszwängen, beide streiten sich – aufgrund einer alten Regieanweisung – bis aufs Messer und wissen i.d.R. hinterher nicht mehr den Anlaß. Bei der therapeutischen Regression dagegen wird der Grund, die alte Regieanweisung wieder lebendig und somit verstanden. Dieser Vorgang führt oftmals zu einer Katharsis, einer „emotionalen Reinigung“. Dabei ist es wichtig, daß nicht nur ein „wildes emotionales Ausagieren“ geschieht, sondern daß die Emotionen in ihre zugehörige Richtung, also an den entsprechenden Adressaten gerichtet werden, denn Emotionen entstehen immer in Beziehung, also korrespondierend. Würden die entstehenden Gefühle nicht in die dazugehörige Richtung gebracht, fiele der Klient anschließend in seine alten Strukturen zurück. Das heißt konkret für die Paartherapie: Wenn etwa die ursprünglich verdrängte Wut über die oftmals betrunkene Mutter sich nicht in Richtung Mutter, etwa im „Rollenspiel“, richtet, so bleibt sie in der Paarbeziehung vorhanden und wird durch nichtige Auslöser (bei einer Flasche Bier wird der Partner zum „Säufer und Alkoholiker“) immer wieder am Partner ausagiert.

Kehren wir zurück zu dem oben aufgeführten Beispiel des Mannes, der die Prügelszenen zunächst nüchtern und sachlich beschrieb. Nach einiger Zeit des „Ausgeliefertseins“, das sich dadurch ausdrückte, daß der Klient schützend seine Arme vor das Gesicht nahm, bekam sein Weinen plötzlich eine trotzige Färbung. Darauf angesprochen sagte er, daß er jetzt Wut auf seinen Vater spüre, er ihn „umbringen“ möchte, aber der erste Schlag müsse sitzen. (Deutlich wird hier, daß der Klient zum einen in die alten Szene involviert ist, zum anderen durch die vertrauensvolle Beziehung zum Therapeuten auch in Kontakt mit der Realität steht.) Der Therapeut legte nun einige Kissen stellvertretend für die Vatergestalt auf den Boden und gab dem Klienten einen Stock in die Hand. Darauf wollte dieser mit dem Stock auf das Kissen einschlagen, bremste sich aber plötzlich, aus lauter Angst vor der Stärke und Übermacht des Vaters und war im Ausdruck seiner Aggression dem „Vater" gegenüber völlig gelähmt.

Diese Arbeit geschieht unter den Augen seiner Partnerin, und hier in einer Gruppe auch unter den Augen der anderen Gruppenmitglieder. Diese sind in der Regel mit höchster Aufmerksamkeit innerlich anwesend; oftmals erinnern sie eigene Szenen, die eine ähnliche Atmosphäre und Beziehungsqualität aufweisen.

Die anwesenden Gruppenteilnehmer erzählen dem Protagonisten, was sie erlebt haben, was sie selbst kennen und was sie selbst anrührt. Und so erfährt dieser Empathie. In der Paartherapie wird jetzt, um den Bezug zur augenblicklichen gelebten Beziehung herzustellen, die Frage an beide Partner gerichtet: *„Was erkennen Sie von dem gerade Erlebten in Ihrer Beziehung wieder?"*

In diesem Beispiel waren beide zur Paartherapie gekommen, weil es immer wieder zu extrem beziehungsgefährdenden, z.T. auch handgreiflich gefährlichen Auseinandersetzungen gekommen war. Nun wäre es augenscheinlich einfach zu sagen: Der Mann lernt, im Wiederholen und Durcharbeiten dieser alten Szene seine Aggressionen auszudrücken, mit dem Ziel einer Loslösung vom Vater. Damit ginge der Blick auf das Paar verloren. Die entscheidende Frage ist: Wie paßt diese alte Szene ins Zusammenspiel beider Partner? Dazu ist jetzt das Bewußtmachen der Partnerwerdung der Frau wichtig: Sie stand oftmals als einziges Bindeglied zwischen Vater und Mutter, immer mit der Tendenz, verlassen zu werden. Ihre Mutter erinnert sie nur als depressiv leidend und oft sich über den Vater beklagend. Zum Vater hat die Klientin sehr ambivalente Gefühle zwischen Suche nach Nähe und Verachtung: *„Wenn ich ihm meine Sehnsucht zeige, verletzt er mich und beachtet mich nicht."* Leiblich prägte sie dies aus durch eine Anästhesierung (wie die Betäubung bei einer Operation) als Schutz vor der Häufung von Verletzungen. Wörtlich sagte die Klientin nach etwa 15 Stunden Paartherapie als wichtigstes persönliches Ziel: *„Ich möchte lernen, mich zu fühlen."* Zur Bedeutung der Aggression in ihrer Beziehung sagte sie: *„Wenn ich mich streite, habe ich die einzige Möglichkeit zu fühlen."*

Für beide Partner ist der Ausdruck und der Umgang mit Aggression ein wichtiges Thema. Daraus ließe sich folgern, daß sie sich auf einer tieferen Ebene sehr ähnlich sind und sich in ihrem Grundkonflikt verstehen. Als beide Kinder waren, konnten sie sich gegen die elterliche Übermacht nicht adäquat wehren. Menschen sind von Säuglingszeiten an Problemlöser. Oftmals zeichnen sie sich durch eine hohe Verhaltenselastizität, Originalität und Durchsetzungskraft aus – ein Programm der Natur zum Überleben. Läßt man den Umkehrschluß zu, so benutzen „psychologisch verletzte Kinder“ diese Elastizität und Originalität, um unter den gegebenen Umständen, hier der Übermacht und Brutalität der Eltern, überhaupt zu überleben.

Oftmals kann man in der Arbeit den Eindruck gewinnen, daß Menschen als Kinder ganz „verrückte“ Strategien entwickeln mußten, um überhaupt mit dem Leben davon zu kommen. Diese Strategien tauchen nun wieder in der Paarbeziehung auf, dort, wo zumindest zu Beginn der Beziehung am Horizont ein gemeinsames Glück erschien, das vielleicht „Liebe“ genannt werden kann. Und weil diese Liebe mit ganz viel Vertrauen gekoppelt ist, „trauen“ sich die Partner, unbewußt die alten, unerledigten Geschichten wieder hervorzuholen, um sie endlich einmal zu lösen und damit zu beenden. Das hat gleichzeitig zur Folge, daß das gemeinsame mögliche Glück immer mehr in den Hintergrund gerät, überschattet wird von den alten unabgeschlossenen Gestalten. Unter diesem Aspekt ist es natürlich ein Jammer, wieviele Paare meinen, sich genau an dieser Stelle trennen zu müssen.

Wendet ein Paar den Blick auf die Anfänge, auf das Glück der Beziehung, so kann man die salutogenen Wirkfaktoren einer Beziehung entdecken, die Fähigkeiten, die jeder aus seiner Geschichte mitgebracht hat, die dem gemeinsamen Wachsen, der gemeinsamen Fülle dienen. Es ist in der Therapie wichtig, sich immer wieder auch dieser Ressourcen bewußt zu werden, etwa daß jemand, wie vielleicht aus dem Lebenspanorama deutlich wird, durch die Sicherheit, die der Vater ausstrahlte, mit ganz viel Optimismus für die Zukunft ausgestattet ist, oder daß jemand durch den frühen Tod der Mutter hat lernen können, für andere zu sorgen, anderen ein „Heim“ zu geben.

Probleme

Probleme gelöst hab ich immer in großer Zahl,
gekämpft hab ich in jedem Fall.
Vor nichts bin ich zurückgeschreckt,
hab mich niemals vor etwas versteckt.
Nun ist Verdrängen mir die liebste Art,
was kommt, das kommt, am nächsten Tag.
Ich weiß, das kann auf Dauer nicht gelingen,
man wird mir die Quittung garantiert bringen.

Zusammenfassung

Ein Hauptgrund für Beziehungsprobleme als Paar sind Übertragungen. In der therapeutischen Phase der „Partnerwerdung“ geht es darum, daß jeder der Partner den Blick darauf richtet, was er an pathogenen und an salutogenen Erfahrungen in die Beziehung mitbringt. Beide lernen klärungsorientiert zu entdecken, wie sie unbewußt sich mit ihren alten, ungelösten Problemen miteinander verstricken, den anderen „mißbrauchen“, weil er z.B. nicht der eigentliche Adressat für aufkommende negative Emotionen ist. Insbesondere beginnen die Partner, wieder Zugang zu ihren „Schätzen“, den Ressourcen für ihre Beziehung zu finden.

Übung

Am effektivsten sind Übertragungen in einer paartherapeutischen Gruppe zu klären. Aufgrund der Vielzahl unterschiedlicher Teilnehmer werden Verstrickungen lebendig und damit einer Klärung zugänglich.

Um zumindest einen kleinen Zugang zu den „Verstrickungen“ zu bekommen, können Sie folgendes versuchen. Wenn Sie sich wieder einmal in einer immer wieder auftauchenden unerfreulichen Szene mit Ihrem Partner verfangen haben, versetzen Sie sich in das Kind, das Sie einmal waren. Dabei kann nicht nur „ein“ Kind gemeint sein, denn auch als Kind kannten Sie schon eine Menge an Rollen, Verhaltensweisen etc. Dann fragen Sie sich, ob Sie die Gefühle, die Sie jetzt gegenüber Ihrem Partner haben, bereits aus Ihrer Geschichte irgendwoher kennen. Vielleicht können Sie sich auch an irgendwelche Szenen erinnern? Und beginnen Sie, Ihre Erinnerungen aufzuschreiben. Fragen Sie sich auch, was diese alten Geschichten mit Ihren Beziehungsproblemen heute zu tun haben. Sie können sich dann auch überlegen, wie Sie evtl. beim nächsten Mal, wenn Sie sich wieder mit Ihrem Partner verstrickt haben, ein klein wenig anders verhalten können, insbesondere dann, wenn Sie sonst eher „kindlich“ reagiert haben.

Wenn Sie wollen, tauschen Sie Ihre Erinnerungen und Pläne mit Ihrem Partner aus, aber nur, wenn Sie es wirklich wollen und der Zeitpunkt dafür reif ist. Es kann Ihnen passieren, daß Sie vielleicht beim nächsten Mal in der Verstrickung mit Ihrem Partner sich anders, z.B. gelassener verhalten können.

11. Du bist schuld!

Wenn Paare über längere Zeit miteinander in eine offene oder versteckte Auseinandersetzung geraten, dann ist die Atmosphäre oft durch folgende Situation bestimmt:

Beide gehen, so gut es geht, ihren familiären und beruflichen Verpflichtungen nach, fühlen sich aber irgendwie von seiten des Partners zu kurz gekommen. Er enthält ihnen etwas vor, was er nicht erbringt und was er ihnen vermeintlich schulden soll: „*Mein Partner sieht mich nicht, nimmt mich nicht wahr, ist nur darauf aus, mich zu verletzen ...*“; so oder ähnlich mögen die Vorwürfe dann lauten. Zusammengefaßt bündeln sie in der Aussage: ***„Er ist für mein Unglück verantwortlich!“***

Fragt man in der Eheberatung nach: „*Und wie genau denn soll ihr Partner dafür verantwortlich sein? Was genau müßte er tun?*“ Und dann: „*Wie oft sorgen Sie selbst dafür, glücklich zu sein?*“ Dann fällt den betreffenden Partnern plötzlich auf, daß sie seit Jahren ein Spiel miteinander spielen, in dem sie die Verantwortung für das eigene Wohlbefinden dem Partner delegieren und sich gleichzeitig selbst für dessen Glück und Wohlbefinden verantwortlich fühlen.

Denn sie haben oftmals beide nicht gelernt, sich selbst und die eigenen Bedürfnisse und Wünsche wahrzunehmen und für deren angemessene Befriedigung zu sorgen. Auch ein solches Verhalten darf nicht vorwurfsvoll bewertet werden, denn es kann seine Entstehung in den frühen Kindertagen haben. Nehmen Eltern ihr Kind wahr und fördern es angemessen, so ist der Wunsch, daß „jemand für mein Glück sorgt“, gestillt. Sind Eltern aber durch verschiedene Umstände daran gehindert, können sie sich also nicht mit ihrer Intuition liebevoll ihrem Kind widmen, dann kann es passieren, daß in diesem Menschen später eine Sehnsucht bleibt, daß sich endlich einmal jemand, wie eine liebevolle Mutter, wie ein liebevoller Vater um ihn kümmert, ihn fördert und so für sein Wohlbefinden Verantwortung übernimmt. Diese Sehnsucht bringt er dann mit in die Liebesbeziehung, in die Ehe.

Das Problem besteht darin, daß der Partner niemals wirklich diese Aufgabe der Eltern nachträglich erfüllen kann, vor allem dann nicht, wenn er vielleicht selbst an dieser ungestillten Sehnsucht leidet. Es gilt also, die eigenen Sehnsüchte wahrzunehmen und danach zu suchen, wo sie ihren eigentlichen Platz früher einmal hatten. Ist das geschehen, sind vielleicht alte Wunden aus Kindertagen betrauert, dann wird es möglich zu lernen, wie man heute, als erwachsener Mensch, für sein Glück selbst zuständig sein kann. Dadurch wird der Partner von dieser Verantwortung entlastet, und das bedeutet Entspannung der Beziehung und die Möglichkeit, auf der Ebene von zwei erwachsenen Menschen neu zu entdecken, was man sich gegenseitig geben kann, was man sich gegenseitig bedeutet. Wenn Partner sich so von infantilen, unrealistischen Erwartungen aneinander verabschieden können, entsteht neuer Platz für partnerschaftliches Miteinander.

Ein weiterer Blickpunkt in diesem Zusammenhang ist die Frage, ob ein Mensch überhaupt weiß, wie das geht, zu genießen, ob er also „genußfähig" ist. Oftmals läßt sich nämlich vermuten, daß Menschen die Fähigkeit zu echtem Genuß verloren gegangen ist. Menschen, die das für sich alleine und im Miteinander (wieder) lernen wollen, können sich an folgenden Punkten orientieren.

Genießen braucht Zeit

Das subjektive Gefühl der Zufriedenheit und des Glücks braucht Zeit und Muße, es läßt sich nicht erzwingen, sondern bedarf einer inneren Haltung der Ruhe und Entspannung.

Genuß ist erlaubt

Für viele Menschen sind als Folge unserer leistungsorientierten Gesellschaft angenehme Dinge, wie Essen, Trinken, Sitzen auf einem Spielplatz und seinen Kindern zuschauen, zu Luxusgütern geworden, die keinen „Gewinn" bringen. So fehlt die Zeit, ein Mahl zuzubereiten; statt dessen wird der Hunger mit Fast-Food gestillt; Kindern beim Spielen zuzusehen wird eher als Zeitverschwendung statt als Genuß bewertet. Vielleicht steckt manchen der Satz „Lust ist Sünde" noch im Kopf, der Genuß wird damit verpönt.

So löst bei Klienten die Aufforderung zum Genuß zunächst oftmals Ängste und Widerstand aus.

Genießen verlangt Erfahrung

Genießen läßt sich nicht verordnen, sondern will langsam, Schritt für Schritt gelernt werden.

Genuß ist niemals zufällig oder eine bloße Beigabe

Genußvolle Momente wollen bewußt geplant sein und erlebt werden. Um genießen zu können, muß man sich mit dem ganzen Körper, der ganzen Aufmerksamkeit dem widmen. Es geht also nicht, ein liebevoll zubereitetes Essen, ein Glas Wein zu genießen und gleichzeitig die Abendnachrichten im Fernsehen zu verfolgen.

Im Genießen gibt es große individuelle Unterschiede

Jeder Mensch hat andere Schwerpunkte im Genießen. Das gilt insbesondere auch in einer Partnerschaft zu akzeptieren. Es besteht aber auch in ihr die Chance, sich von den Genüssen des Partners anstecken zu lassen und so das eigene Repertoire zu erweitern.

Genuß ist auch im Alltag möglich

Oft ist es die Betrachtungsweise, die innere Haltung, die Genuß ermöglicht. So kann das obige Beispiel mit den Kindern auf dem Spielplatz unter Aspekten wie: Ich sitze jetzt auf einer Bank in der Sonne, ich arbeite nicht, ich schaue meinem Kind zu, wie es den feinen Sand immer wieder durch seine Hände rieseln läßt ... zu einem echten und tiefen Genuß werden. Oder eine Scheibe trockenes Brot, langsam gekaut, wird zu einem Gaumengenuß. Es gilt also, Genuß nicht vor allem im besonderen (dem Urlaub einmal im Jahr) zu entdecken, sondern in den vielen kleinen Begebenheiten des Alltags.

Beim Genießen ist „weniger" oft „mehr"

Wer täglich Buttercremetorte ißt, weiß hinterher gar nicht mehr, wie lecker diese schmecken kann. So ist es auch beim Genuß. Wenn man Anzeichen der Sättigung spürt, gilt es zu warten, bis wieder der Hunger kommt, sonst werden z.B. schönste sexuelle Erlebnisse fad und schal. Ja, in vollen Zügen genießen, einfach da sein – aber auch, wenn Anstrengungen und Mühen, Einsatz gefordert sich, sich diesen stellen!

Es gilt, sich für das Glück zu öffnen und Genuß zu lernen.

Genießen
Am Anfang war es schwer –
es zuzulassen, sich fallenzulassen.
Einen Hauch davon gespürt.
Nun will ich mehr davon.

Zusammenfassung

Menschen in gestörten Beziehungen neigen dazu, die Verantwortung für ihr Glück auf ihren Partner zu übertragen. Ungestillte Sehnsüchte aus Kindertagen werden an den Partner gerichtet. Dieser wird in allem Bemühen, diese zu stillen, auf die Dauer scheitern. Es gilt zu lernen, die Verantwortung für sein Glück selbst in die Hand zu nehmen.

Übung

Blicken Sie einmal auf den gestrigen Tag, die letzte Woche. Schreiben Sie konkret auf, **was genau** Sie für sich getan haben, damit es Ihnen gut geht. Gemeint sind solche Tätigkeiten, die nichts mit Arbeit, Pflicht etc. zu tun haben, sondern ganz „egoistisch" sind, die Freude, Genuß, Glück verschafften (30 Minuten).

Planen Sie, wie Sie für die nächste Woche sich von selbst jeden Tag „Gutes tun" können, und schreiben Sie wieder genau auf, was Sie tun wollen, wann und wie lange. Nach einer Woche überprüfen Sie Ihre Erfahrungen damit und sprechen zunächst mit einem lieben Menschen, einem Freund, einer Freundin darüber. Erst wenn Sie in der Lage sind, gut für sich zu sorgen, beginnen Sie den Austausch mit Ihrem Partner darüber.

12. Schlechte Zeiten, gute Zeiten

Gute Zeiten, Erinnerungen an schöne Tage, an liebevolles Miteinander gibt es für jedes Paar. Irgendwann haben beide sich kennengelernt, hat es irgendwie gefunkt. Irgend etwas war besonders am anderen, war anziehend. Man hat möglichst viel gemeinsam unternommen, um zusammenzusein.

Ja, das Bewußtsein, da gibt es jemand anderen, in den bin ich verliebt, hatte höchst positive Auswirkungen auf das gesamte Erleben. Es bezog sich nicht nur auf die konkreten Begegnungen miteinander, sondern auch auf die tägliche Arbeit, das Leben in der Herkunftsfamilie, die Träume in der Nacht und am Tag. Und diese Atmosphäre fand einmal als äußeres Zeichen ihren Ausdruck in der „Hoch-Zeit“.

Spannungen, Konflikte gab es auch. Manche Partner schafften es, sich ihnen zu stellen und bereits ein Krisenmanagement zur Bewältigung zu entwickeln. Andere hofften darauf: *„Wenn wir erst einmal verheiratet sind, wird sich der Partner schon ändern, werde ich ihn schon erziehen.“* Andere Partner aber nahmen Spannungen und Auseinandersetzungen erst gar nicht wahr, bis sie nach 10, 15 oder 20 Jahren Ehe von ihnen wie vom Blitz getroffen wurden.

Alle diese Reaktionen auf „schlechte Zeiten“, auf Krisen und Konflikte sind normal. Wenn ein Paar es aber nicht mehr alleine schafft, die Auseinandersetzungen so oder so zu bewältigen, dann ist es sinnvoll, statt zum Scheidungsanwalt zu gehen, nach neuen, effektiveren Problemlösungsstrategien zu suchen.

Diese Suche hat vielleicht ergeben, mit der Freundin oder dem Freund über die Situation zu sprechen, sich bei den Eltern mit ihrer Lebenserfahrung Rat zu holen, vielleicht auch therapeutische Hilfe in Anspruch zu nehmen oder dieses Buch zu kaufen. In all diesen Versuchen geht es darum, irgend etwas zu ändern.

Will jemand aber etwas ändern, so ist eine gute, tragfähige, begleitende Beziehung dafür die Voraussetzung. Es ist wichtig, daß Ratgeber den beteiligten Partnern gegenüber wohlwollend sind, sich vor Schuldzuweisungen hüten, den Betroffenen nicht mit ihren eigenen ungelösten Problemen überschütten, Ratschläge vermeiden. Gute Helfer in der Not zeichnen sich dadurch aus, daß sie – in Grenzen, dann aber ganz – für die Betroffenen da sind, präsent sind, zuhören, dem Gegenüber Raum bieten. Dieser kann dann seine Sorgen, Probleme, sein Leid ausbreiten, ohne sich dafür zu schämen oder dafür Vorwürfe zu hören. Hauptberufliche Helfer, Eheberater, Geistliche, Paartherapeuten etc. werden neben den zuvor beschriebenen Haltungen ihren professionellen Wissensspeicher in diesen Prozeß mit einbringen.

Die wichtigste Kraftquelle für Veränderungen in einem Paar ist allerdings der Speicher der Erinnerungen **an gute Zeiten miteinander**: das Kennenlernen, das Verliebtsein, gemeinsame Unternehmungen, bereits bewältigte Krisen und Konflikte.

Ein Problem besteht darin, daß die Partner in „schlechten Zeiten" sich dieser Kraftquelle nicht bewußt sind, sie also nicht anzapfen können. Dann bekommen die Sehnsüchte, die nicht erfüllten Wünsche eine solche Bedeutung, daß man von einer „Dominanz des Mangels" sprechen kann. Um in Krisenzeiten die gemeinsamen Ressourcen, die gemeinsam angehäuften Schätze als Motor für Veränderungen nutzen zu können, ist es notwendig zu lernen, diese immer wieder, gerade auch „in guten Zeiten", sich bewußt zu machen, sich daran zu erinnern.

Aber nicht nur die Erinnerungen sind eine Ressource, auch im Heute, im ganz normalen Alltag, gibt es in der Regel viele Schätze. Nur sind sie den meisten Partnern angesichts der „Dominanz des Mangels" verborgen. Da sorgt einer, daß die Kinder morgens mit einem Frühstück zur Schule kommen, daß Geld zum Leben da ist, daß die Wohnung gemütlich und warm ist, daß Kontakt zu Freunden, Nachbarn, Eltern besteht usw.

Das sind für viele leider belanglose Selbstverständlichkeiten, aber sie geben dem Miteinander überhaupt erst einen Rahmen, eine Struktur, in der sich leben läßt.

Zusammenfassung

Die Erinnerung an schöne Zeiten als Paar und das Wahrnehmen dessen, was trotz aller Schwierigkeiten im Miteinander gelingt, sind wichtige Kraftquellen und Basis für notwendige Veränderungen und Entwicklungen.

Übung

Nehmen Sie sich ca. zwei Stunden Zeit, und suchen Sie sich einen angenehmen Rahmen, in dem Sie beide, ungestört durch äußere Einflüsse, Zeit miteinander und füreinander haben. Dann erinnern Sie sich an die Zeit, in der Sie sich kennenlernten, und tauschen Sie diese Erinnerungen aus.

Sie fragen sich nach dem ersten Mal, als Sie einander wahrgenommen haben, was Sie besonders am Partner fanden, welche Eindrücke Sie von ihm hatten, was Sie zusammen unternommen haben. Wie war es, als Sie sich zum ersten Mal geküßt haben? Sagen Sie Ihrem Partner auch, warum Sie sich gerade für ihn, für sie, unter all den möglichen anderen Partnern, entschieden haben. Vielleicht holen Sie sich auch die Fotos von der Hochzeit, der Hochzeitsreise dazu und schauen sich diese gemeinsam an. Falls Sie mit den zwei Stunden nicht auskommen, vergessen Sie nicht, sich konkret für einen neuen Termin zu verabreden.

13. Der Leib, ein Wissensspeicher

Unser Leib, das sind wir! Mit ihm leben und erleben wir, mit ihm berühren Menschen sich oder grenzen sich ab, fühlen sie oder verbieten sich das Fühlen.

Die meisten Erinnerungen unseres Körpers sind uns nicht bewußt. Die Informationsfülle würde uns erschlagen, und wir sähen vor lauter Bäumen den Wald nicht mehr. Wenn notwendig, wird eine Erinnerung insoweit präsent, daß wir in bestimmter Weise auf eine Situation hin reagieren, also ganz automatisch. Diese Reaktionen haben wir gelernt oder sie gehören mit zu dem, was sich die Spezies Mensch im Verlauf von viereinhalb Milliarden Jahren Entwicklungsgeschichte als Programm erworben hat und über die Gene weitergibt. So handeln z.B. Eltern ihren Kindern gegenüber intuitiv richtig, vermitteln ihnen die Grundausrüstung, um sich als Mensch zu verhalten. Sind Eltern allerdings innerlich von Konflikten und Problemen absorbiert, dann kann es sein, daß ihr intuitives Verhalten ihren Kindern gegenüber empfindlich gestört ist. Sie reagieren z.B. höchst ambivalent, indem sie einen Tag ihr Kind mit Zuwendung überschütten, dann plötzlich diesen Kontakt wieder abbrechen und ihr Kind vernachlässigen. Oder sie machen ein Kind zum Partnerersatz, weil sie vielleicht mit dem eigenen Partner Schwierigkeiten haben, sich vor dessen sexuellem Begehren zurückziehen und statt dessen eine zwar nicht genitale, aber nicht weniger sexuelle Beziehung mit ihren Kindern leben.

Die Natur hat ihrerseits in diesem Fall dem kleinen Kind ein Notprogramm mitgegeben, um auch unter ungünstigen Bedingungen zu überleben. Verhalten sich Erwachsene unangemessen, dann reagieren Säuglinge z.B. mit Blickkontaktvermeidung, d.h. konkret, daß sie ihren Kopf wegdrehen. Bleiben ungünstige Verhaltensweisen der Erwachsenen bestehen, so wird bei Kindern, wenn sie heranwachsen, das Notprogramm zum Normalprogramm.

Das Problem besteht nun darin, daß in einer nahen Beziehung wie der Ehe Menschen sich mit diesem Notprogramm präsentieren und damit ihre nahe Beziehung gestalten. In Kindertagen war es einmal höchst sinnvoll und eine große Überlebensleistung – heute im Miteinander in einem Paar ist es dysfunktional.

Wenn z.B. auf einer unbewußten leiblichen Ebene ein Mann die zweideutigen Verführungen der Mutter erinnert, so kann es passieren, daß er die eindeutigen Verführungen seiner Frau fehlinterpretiert und, wie damals als Kind, auch heute einen Schutzwall um sich aufbaut. Die Frau kennt aber diese Zusammenhänge nicht und interpretiert deshalb die Verhaltensweisen ihres Mannes als gegen sich gerichtet. Daß dieses Verhalten im Miteinander nicht immer so war, daß es vielleicht erst auftritt, wenn das Paar Kinder bekommt und die Frau dann selbst „Mutter" wird, irritiert sie stark. Besteht für das Paar keine Möglichkeit, die Störung zu klären, so kann sich bei beiden eine sexuelle Funktionsstörung manifestieren. Wird diese dann in einem therapeutischen Prozeß sowohl klärungs- als auch anschließend bewältigungsorientiert behandelt, besteht berechtigte Hoffnung, daß beide zu einem für sie angemessenen und befriedigenden Sexualleben kommen.

Körpersprache

Ich zittere.
Mein Herz klopft laut, und mir ist schlecht.
So ist das, wenn der Körper spricht.
Diese Dinge spüre ich,
sie sind echt.
Alles andere weiß ich nicht mehr recht.

Zusammenfassung

Der Leib als Erinnerungsspeicher steuert im weitesten Sinne menschliches Verhalten, um sich in der Welt und im Miteinander zurechtzufinden. Durch gestörte Entwicklungsprozesse kann dieses Verhalten Notprogramme enthalten, die für heutiges Miteinander in einer Ehe dysfunktional sind. Durch eine klärungsorientierte therapeutische Arbeit gilt es für die Bewältigung, dies zu verstehen, es als Partner nicht als gegen sich gerichtet zu interpretieren, und als Betroffener selbst, sich den alten Kindheitsszenen zu stellen und neues, angemesseneres Verhalten zu lernen.

Übung

Die folgende Übung knüpft an eine Vorerfahrung jedes Menschen an, nämlich an das Gehaltenwerden und das Halten.

Nehmen Sie sich ca. 1 ½ Stunden Zeit, in denen Sie ungestört sind. Während der Übung selbst ist es sinnvoll, entspannende Musik im Hintergrund abzuspielen. Dann setzt sich ein Partner bequem (!) auf die Erde und hält für ca. 20-30 Minuten in seinen Händen den Kopf des anderen vor ihm ausgestreckt liegenden Partners. Zwischendurch ist es wichtig, die Lage immer wieder so zu korrigieren, daß Spannungen ausgeglichen werden, damit die Erfahrung für beide angenehm ist. In dieser Zeit meditieren Sie die Worte: „*Ich halte dich in meinem Händen*" bzw. „*Ich liege in deiner Hand*". Nach Ablauf der Zeit legen Sie vorsichtig den Kopf ab, so daß jeder wieder für sich allein ist. Auch das Alleinsein nehmen Sie bewußt als eine gute Realität wahr. Nach ca. fünf Minuten dann Wechsel. Zum Schluß der Übung tauschen Sie Ihre Erfahrungen miteinander aus.

14. Lösungen zweiter Ordnung, oder wie die Affen die Bananen erreichten

In einem berühmten Experiment zu Anfang dieses Jahrhunderts befinden sich Affen in einem Käfig. Über ihnen, aber nicht erreichbar, hängen Bananen. Im Käfig sind noch einige Kisten vorhanden. Ganz verlockend sind die Bananen, aber unerreichbar, und so beschäftigt sich die Affenfamilie mit den Kisten. Man spielt damit, bewirft sich und sehnt sich nach den süßen Früchten. Nach drei Tagen kommt dann ein besonders intelligenter Affe auf die Idee, die Kisten aufeinanderzustapeln, und alle kommen an das Ziel ihrer Sehnsucht, die Bananen.

Ähnlich wie den Affen geht es manchen Paaren. Sie sind aus dem sinkenden Schiff ihrer Ehe ins Rettungsboot gestiegen; sehen das rettende Land, vielleicht eine schöne, einsame Südseeinsel, aber statt das Eiland anzusteuern, schlagen sie kräftig mit den Rudern aufeinander ein, bis zur Erschöpfung, um nach einer kurzen Erholungspause sich erneut zu verprügeln. Daß dieses Verhalten höchst uneffektiv ist, wissen und spüren beide. Es hat aber einen solchen Grad an Automatismus erreicht, daß sie nichts ändern können.

An einer solchen Stelle ist es für ein Paar höchst sinnvoll, einen Fachmann aufzusuchen. Dessen Aufgabe ist es dann, dem Paar zu helfen, daß sie „Lösungen zweiter Ordnung" finden. Eine Lösung erster Ordnung ist das Aufeinanderschlagen mit den Rudern. Eine zweite Ordnung wäre das Rudern an Land, bzw. das Aufeinanderstapeln der Kisten, um die süßen Früchte erreichen und genießen zu können. Und diese Lösung bereichert dann den Wissensspeicher der Affen, bzw. des rudernden Paares, d.h., daß sie in Zukunft für ähnliche Probleme sich unbewußt an den Weg der Problemlösung erinnern und neue Probleme lösen und bewältigen werden.

Eine weitere Betrachtungsweise dieser Situation eines Paares ist die des Wechsels von Struktur und Chaos. Das ist das normalste Geschehen der Welt. Keine Angst vor dem Chaos! Ohne Chaos gäbe es keine Entwicklung.

Das Gegenteil von Chaos ist die Ordnung, die Struktur, aber beide können nicht gleichzeitig sein. Sie schließen sich gegenseitig aus und bezeichnen etwas Verschiedenes, ermöglichen aber Entwicklung. Chaotische Situationen lösen aber auch in beiden Partnern kreative Prozesse aus, wie sie auf die augenblickliche Situation neu reagieren können, d.h. auf alte Fragen neue Antworten finden können. Beide haben ja nicht ohne Not ihr sinkendes Eheschiff verlassen und sind ins Rettungsboot gestiegen. Der Platz im Rettungsboot bietet noch eine andere Möglichkeit. Er läßt aus einer exzentrischen Position, von außen also, auf dieses „sinkende Schiff" blicken. Vielleicht fällt bei diesem Blick von draußen auf, daß das Schiff noch gar nicht sinkt, sondern daß vielleicht gerade nur hoher Seegang ist, der das Schiff ins Wanken bringt.

Um die Sprache des Bildes zu verlassen, könnte das Chaos etwa ausgelöst sein durch: die Umstellung, die mit der Ankunft eines Kindes verbunden ist, oder einer hat sich vielleicht in einen anderen Menschen „verliebt", oder Arbeitslosigkeit fordert ein Paar heraus. Solchen Chaos-Situationen gilt es, sich in Gelassenheit zu stellen und sie als ein Übergangsstadium in eine neue, komplexere Wirklichkeit **miteinander** zu begreifen.

Mit folgender Metapher kann man die Entwicklung eines Paares als ein lebendiges organisches System verstehen, in dem plötzlich Lösungen zweiter Ordnung gefunden werden. Dabei werden ein Paar und die Entwicklung des einzelnen als eine sich vergrößernde Spirale betrachtet.

Durch die Veränderung des Umfangs wird die wachsende Komplexität symbolisiert, die sich durch eine Sammlung von gemeinsamen Beziehungserfahrungen, Problemlösungen und Bewältigungsstrategien ausdrückt. Durch dieses Sammeln von Informationen im System Paar, aber auch im Subsystem des einzelnen, wird die Kapazität, das Leben zu leben, es zu genießen und zu bewältigen, gesteigert. Ein Stocken dieses Wachstumsprozesses zeichnet sich durch „Endlosschleifen" aus, wie sie aus der Arbeit mit dem Computer bekannt sind.

Gelingt es einem Paar nicht, diese Endlosschleifen – etwa die dauernden nächtlichen Gespräche, die nur zermürben, aber nicht weiterbringen – zu verlassen, dann ist es Aufgabe eines paartherapeutischen Prozesses, sich der „Schleifen" bewußt zu werden. Dabei sollen die Partner verstehen, warum sie sich im Moment in diesen Schleifen verfangen haben. In der bewältigungsorientierten Arbeit entdecken und lernen die Paare Wege, die Schleifen zu verlassen. Danach können sie ihren individuellen und gemeinsamen Wachstumsprozeß mit größerer Komplexität fortsetzen.

Lebenslanger Lern- und Entwicklungsprozeß eines Paares

Entwicklung ist eine Spirale.

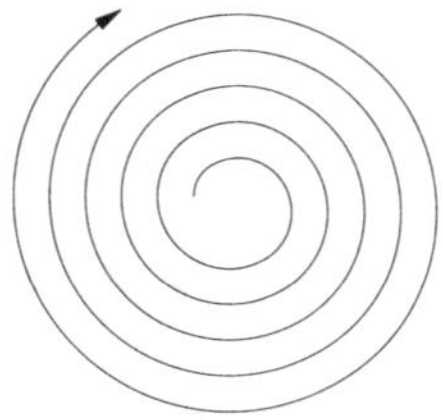

Entwicklung wird durch „Schleifen“ zum Stillstand und geht von der Spirale zum Kreis über.

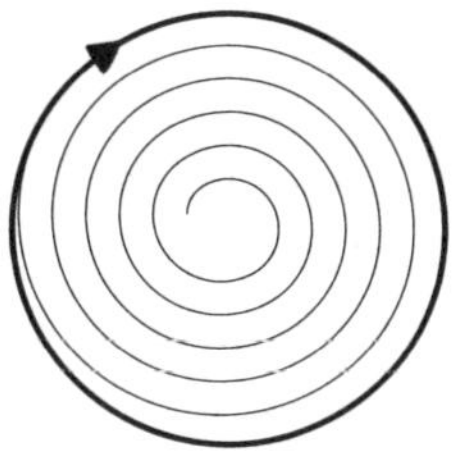

Therapeutischer Prozeß fokussiert den Kreis, macht „Schleifen“ bewußt.

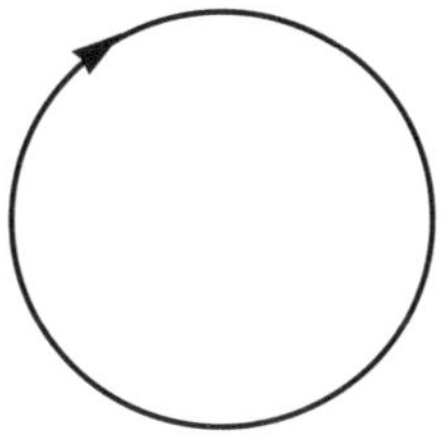

Wege aus den „Schleifen“ werden ausprobiert.

„Schleifen“ werden verlassen. Das Paar schließt an seinen alten Entwicklungsprozeß mit einem größeren Radius = größerer Komplexität an.

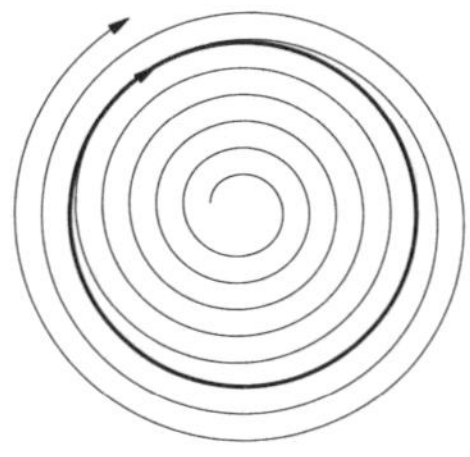

Auf eigenen Beinen stehen

Ich lerne ein zweites Mal auf meinen Beinen zu stehen,
entdecke, erforsche, wie ein Kind,
erfahre Gutes und Schlechtes
Schweres und Leichtes –
und lerne daraus.
Ich hoffe, ich finde das wirklich Wichtige
heraus.

Zusammenfassung

Konflikte und Krisen sind für ein Paar Herausforderungen zum Reifen und Wachsen für beide Partner. Da ein Paar eine längere Geschichte als System miteinander hat, verfügt es auch über die Fähigkeit, mit den vorhandenen Ressourcen Krisen zu bewältigen und anschließend auf einer höheren Stufe der Komplexität im Miteinander zusammenzuleben. Paartherapie hilft, die Ressourcen zur Problemlösung zu aktivieren.

Übung

Jeder der Partner malt auf ein großes Blatt Papier eine Spirale auf. Anschließend markiert jeder für sich in dieser Spirale Punkte, die ein Wachsen als Paar bedeuten. Das kann z.B. der Tag sein, an dem man den Partner den Eltern vorstellte, oder der Moment, als man von der plötzlichen Arbeitslosigkeit des Partners erfuhr und diese gemeinsame Krise getragen hat. Oder der Tag, an dem das erste Kind zur Welt kam.

Falls Sie sich gerade in einer Krise befinden, die den Charakter einer Endlosschleife annimmt, bei der Sie sich mit aller Kraft wie Hamster im Käfig im Laufrad bewegen, dann ergänzen Sie das Bild folgendermaßen: Sie malen die Spirale und beenden sie mit einem Kreis, den Sie farbig hervorheben. Anschließend beobachten Sie, jeder für sich, über eine Woche Ihr eigenes Verhalten und wie Sie das Verhalten Ihres Partners wahrnehmen und schreiben beider Verhalten möglichst präzise auf. Z.B. so: *„Wenn Fred das Haus verläßt, verspüre ich eine große innere Unruhe. Ich fange dann an zu räumen, zu putzen. Die Kinder schreie ich an, wenn sie im*

Flur ein Spielzeug liegen lassen ... Ich habe die Befürchtung, daß Fred, wenn er um 17 Uhr von der Arbeit nach Hause kommt und es nicht gemütlich zu Hause vorfindet, mit mir schimpft. Kommt er dann um 17 Uhr, falle ich ihm um den Hals und zeige ihm, was ich alles an diesem Tag gemacht habe. Er ist dann aber immer abweisend, verletzt mich durch seine Worte, so daß ich mich beleidigt von ihm abwende. Den Rest des Abends verbringe ich mit ihm vor dem Fernseher."

Hat jeder von beiden sein Erleben und konkretes Verhalten in dieser Endlosschleife aufgeschrieben, versuchen Sie, es sich gegenseitig mitzuteilen und nach Problemlösungen zu suchen, d.h. konkret: Wie genau könnte ich probeweise mich einmal anders verhalten? Sollten Sie hiermit keinen Erfolg haben, ist eine professionelle Hilfe angezeigt.

15. An der Grenze spüre ich dich und mich

Grenzen haben in einer Partnerschaft eine zentrale Bedeutung. An einer Grenze spüren sich Partner, nehmen sich gegenseitig wahr und vor allem: Menschen spüren sich selbst.

In einem kleinen Experiment können Sie das nachvollziehen. Nehmen Sie einmal den Stuhl wahr, auf dem Sie sitzen, merken Sie, wie Ihre Sitzhöcker den Stuhl berühren, und nehmen Sie wahr, ob ein Kissen auf der Fläche liegt oder nicht. Genau an dieser Grenze fühlen Sie sich momentan. Und Sie sind zwei, der Stuhl und Sie.

Diese Wahrnehmungen sind auch für eine Partnerschaft wichtig. Sie besteht aus zwei unabhängigen Menschen, jeder mit seiner eigenen Geschichte und mit seinen Lernerfahrungen über das Leben in einer nahen Beziehung also dem, was der einzelne an Mustern und Reaktionen aufgebaut und entwickelt hat, um Situationen im Miteinander zu interpretieren und sich entsprechend zu verhalten.

Sie mögen sich fragen: Warum ist es so wichtig, das zu betonen? Weil in einer gestörten Paarbeziehung die Partner manchmal die Tendenz haben, daß sie sich nicht als von dem anderen getrennte Wesen wahrnehmen. Das zeigt sich z.B. daran, daß der eine in Gegenwart des anderen plötzlich immer ganz unsicher wird oder sich leicht durch irgendwelche Worte und Gesten des anderen verletzen läßt. Diesen Menschen ist die Sichtweise verloren gegangen, sich selbst als eigenen Menschen, mit eigenen Meinungen, Ansichten, Wünschen, Wollen, Gefühlen und Ideen zu erleben. Aus einer Sehnsucht nach Harmonie heraus geben sie sich völlig auf. Sie sagen vielleicht: „*Ich will Frieden*“ oder: „*Ich will den anderen nicht verletzen.*“ Als Folge eines solchen Verhaltens werden sie immer kanten- und konturloser, und ihre Attraktivität läßt nach.

Oftmals fallen sie in eine wehleidige, niedergedrückte, schwere Stimmung, die durchaus auch mit körperlichen Symptomen, wie Antriebsarmut, Traurigkeit, Müdigkeit, einhergeht.

Die Ursachen für ihr Verhalten können in der Lerngeschichte dieser Menschen liegen. Z.B. wenn sie immer wieder als Kind erfahren mußten, daß ihre Wünsche, ihr Willen wenig wert waren. Was sie auch anstellten oder leisteten, die Anerkennung ihrer Leistung, die Erfahrung: *„Mein Tun ist wichtig und bringt Erfolg"* wurde ihnen von den Eltern vorenthalten. Ein Sich-wehren, ein *„Nein!"* oder auch ein *„Doch, ich will!"* zu sagen, war aussichtslos.

Grundvoraussetzung für eine Partnerschaft aber ist, daß zwar **nicht zwei gleiche**, aber **zwei gleichwertige** Partner sich begegnen. Es gilt zu lernen, daß man in einer Partnerschaft **nicht** gleicher Meinung sein muß, sondern man ist sich einig, daß beide eine unterschiedliche Meinung haben und diese gleichwertig sind. Ja, es ist sogar für Kinder höchst sinnvoll zu erleben, daß Eltern nicht immer am gleichen Strang ziehen, damit sie auch erfahren, daß jeder von beiden **seine** Meinung vertritt. So hält Vater z.B. nichts vom Fernsehen für die Kinder, Mutter aber hat wenig Probleme damit. Die Kinder sehen fern und wissen, da gibt es auch eine andere Position in der Familie.

Paradoxerweise zeigt die Erfahrung, daß, wenn beide Partner ihre unterschiedliche Meinung vertreten und darstellen dürfen und diese vom Partner als eigenständige Position anerkannt wird, daß sich dann jenseits der beiden Positionen „Lösungen zweiter Ordnung" finden lassen, die beide zufriedenstellen. Diese eigene Position bedeutet auch, daß ich unabhängig vom Partner eigene Bereiche habe, die nichts mit ihm zu tun haben: eigene Freunde, eigene Träume, vielleicht auch ein ehrenamtliches Engagement in einem Verein, in dem der Partner **nicht** auch Mitglied ist.

Dieser eigene Raum und Rückzug ist deshalb sehr notwendig, weil sonst die Enge einer nahen Beziehung, in der jeder Partner von den Launen des anderen, seinen Verrücktheiten, seiner Unausgeglichenheit am Morgen bis hin zu seinen körperlichen Reaktionen alles mitbekommt, nicht aushaltbar wäre. So ist es heute für das Zusammenleben fast unerläßlich, daß jeder in der Wohnung seinen Raum, zumindest seinen Platz hat, den er sich gestaltet, wie er es will, wo Ordnung oder Chaos ist, wie er es braucht. Sehr sinnvoll kann es sein, auch die Schlafplätze so zu wählen, daß man sich aus freiem Willen entscheiden kann, die Nacht lieber nebeneinander oder getrennt zu verbringen. Auch Sexualität bekommt aus solcher Perspektive eine neue Qualität: *„Ich will mit dir zusammen sein oder nicht, oder vielleicht lasse ich mich auch verführen."*

Wut im Bauch

Ich habe eine solche Wut im Bauch.
Nach außen habe ich sie endlich auch.
Meinen Standpunkt zu vertreten, find ich überaus wichtig,
Grenzen zu setzen absolut richtig.
Manche Grenzen will ich einfach nie wieder überschritten wissen,
weil diese Überschreitungen haben zuviel in mir
zerrissen.

Zusammenfassung

Grenzen in einer Partnerschaft ermöglichen die Erfahrung des anderen und seiner selbst. Sie sind Grundvoraussetzung für das Miteinanderleben als Partner.

Übung

In der folgenden Übung steht das Wort „Ja" für einen realistischen Wunsch, den Sie von Ihrem Partner erfüllt bekommen möchten. Das Wort „Nein" heißt: *„Ich will Dir diesen Wunsch nicht erfüllen, ich grenze mich ab."* Welchen Wunsch Sie sich ausgedacht haben, wird **nicht** verraten, es geht in dieser Übung nur um das Erleben des „Ja" und „Nein", alles andere wäre störend.

Stellen Sie sich voreinander hin, einer fängt an „Ja" (nur Ja!) zu sagen, der andere antwortet mit „Nein" (nur Nein!). Setzen Sie dabei Ihre ganze Gestik und Mimik ein. Versuchen Sie es drohend, bittend, schmeichelnd, verführerisch, ängstlich ... Nach ca. fünf Minuten wechseln Sie die Rollen. Danach werten Sie Ihre Erfahrungen aus. Was haben Sie erlebt? Was ist Ihnen leichter bzw. schwerer gefallen? Was haben Sie dabei gefühlt?

Vielleicht wollen Sie nach dem Erfahrungsaustausch die Übung noch einmal wiederholen. Vielleicht auch eine Woche oder zwei Wochen später.

16. Beziehung als eine Qualität des „Einander-ertragens"

Der Mensch ist ein Beziehungswesen. Ohne die wechselseitige Förderung in der mitmenschlichen Interaktion kann ein Mensch sich nicht entwickeln und verkümmert. Selbst bei bester Nahrung stirbt ein Säugling ohne die elterliche Zuwendung, wie schon Experimente des mittelalterlichen Kaisers Friedrichs II. bestätigten. Dieser hatte Kleinkindern zwar Nahrung und Kleidung geben lassen, aber den Ammen verboten, mit den Kindern zu sprechen und mit ihnen in Beziehung zu treten (er glaubte, die Kinder würden „von selbst" eine der „Ursprachen" Latein oder Griechisch zu sprechen anfangen).

In einem Paar wird die Bedeutung der Beziehung sehr deutlich. Beide sind unterschiedlich in ihrer Herkunft und ihren bisherigen Interaktionserfahrungen. Sie haben eine unterschiedliche Vergangenheit, aber eine gemeinsame Zukunft. Für die Gestaltung der Zukunft ist es wichtig, diese Unterschiedlichkeit als Grundvoraussetzung anzuerkennen. Deshalb ist ein Bewerten, wieviel jeder in die Beziehung „einbringt", und dies untereinander im Sinne eines „mehr" oder „weniger" abzuwägen, völlig sinnlos. Es wird der Realität eines Paares nicht gerecht. Ja, es gilt sogar kritisch nachzufragen, falls jemand den Eindruck vermittelt, er würde besonders viel in die gemeinsame Partnerschaft im Gegensatz zu dem anderen investieren. Man könnte dann fragen, wieviel Raum und Platz er dem anderen läßt, daß dieser sich einbringen kann. Wenn einer viel sagt und sich beschwert, vom Partner nichts zu erfahren, könnte man fragen, ob er denn dem Partner überhaupt zuhören will?

Eine für die Partnerschaft grundlegende Haltung ist die Gewißheit, daß jeder von beiden – ich selbst und mein Partner – sich nach bestem Wissen und Können, nach dem, was im Moment möglich ist, für das gemeinsame System einbringt. Das wird konkret in der Erfahrung deutlich, daß jeder von beiden in der Lage ist, den anderen zu tragen, zu ertragen, aber auch, sich dem anderen anzuvertrauen und sich tragen und ertragen zu lassen.

Geben und Nehmen
Ich kann vielen Menschen etwas geben,
ohne daß mir etwas genommen wird.
Aber ich kann auch etwas nehmen,
ohne daß ich etwas geben muß.

Zusammenfassung

Grundlage einer Partnerschaft ist die Gleichwertigkeit und nicht die Gleichheit der Partner. Eine Aufrechnung von Aktivitäten „für die Ehe" widerspricht diesem Fundament. In einer Partnerschaft ergänzen sich die unterschiedlichen Fähigkeiten, Anlagen und Begabungen zu einem gemeinsamen Ganzen. Dabei gibt sich der einzelne nicht auf, sondern ganz im Gegenteil ist seine Autonomie die Voraussetzung für das Ganze des Paares.

Übung

Machen Sie zunächst, jeder für sich, einige gymnastische Übungen. Sie können auch – aber nicht aufeinander bezogen – sich nach Musik bewegen. Ziel ist dabei, daß Sie **mit sich selbst** Kontakt haben, sich selbst spüren: „Ich bewege mich, wie bewege ich mich, wie setze ich die Füße auf, wie spüre ich den Boden unter meinen Füßen, wie fühlt sich vielleicht der Teppich, der Teppichboden an ..."

Danach stellen Sie sich voreinander auf. Einer der Partner schließt die Augen. Der andere nimmt dessen Arm und hält und trägt diesen für den Partner mit seinen Händen. Er kann den Arm des Partners auch bewegen. Der, dessen Arm gehalten wird, versucht, sich wirklich auch tragen zu lassen, also zu probieren, sämtliche Anstrengungen aufzugeben, den Arm selbst zu halten. Nach ca. fünf Minuten wird der andere Arm gehalten. Ist diese Erfahrung beendet, warten Sie einen Moment, damit jeder für sich das Erlebnis nachspüren und noch nachklingen lassen kann. Anschließend folgt ein Wechsel der Rollen. Zum Ende der Übung tauschen Sie Ihre Erfahrungen mit dem Tragen und Abgeben miteinander aus.

17. Fernsehen – Erleben aus zweiter Hand

Seit der Erfindung der audiovisuellen Medien und ihrer raschen Verbreitung hat unbemerkt ein „Quantensprung“, eine ungeahnte Veränderung im Beziehungsverhalten der Menschen stattgefunden. Für viele Menschen ist ein „Erleben aus zweiter Hand“ zu einem auch zeitlich bedeutsamen Faktor in der Gestaltung ihres Lebens geworden. Ein Sonnenuntergang wird nicht mehr draußen in der Natur, sondern an- und abschaltbar im Wohnzimmer erlebt. Kontakte mit der Nachbarschaft, mit Ärger und Freuden, insbesondere mit der Grunderfahrung der mitmenschlichen Solidarität und Gemeinschaft, werden allabendlich in Seifenopern im Fernsehen geliefert, statt sie selbst zu erleben und eigenverantwortlich mitzugestalten.

Der Erfolg der audiovisuellen Medien mag u.a. damit zusammenhängen, daß Menschen sich, wie in Kinderzeiten, nach dem vorgekauten Brei und der Muttermilch sehnen, statt sich erwachsen den Herausforderungen ihres Lebens zu stellen (um dann, wie ein lateinisches Sprichwort sagt, durch Mühen zu den Sternen zu gelangen: „per aspera at astra“).

Daß eine solche Haltung fatale Folgen für das Gestalten einer Partnerschaft haben kann, ist offensichtlich. Auf Grund des „Dritten im Bunde“, des allabendlichen Fernsehens ist es gar nicht möglich, Antennen für sich selbst und seinen Partner zu entwickeln, wahrzunehmen, was mit ihm ist. So kann das kleine Pflänzchen „Gemeinsamkeit“, das einmal in der Zeit des Sich-Kennenlernens und Verliebtseins entstanden ist, nicht wachsen.

Damals haben beide viel miteinander unternommen: gemeinsame Spaziergänge, Radfahrten, Ausflüge zu Baggerseen, stundenlanges Händchenhalten und Schmusen. Eine Sehnsucht danach ist in jedem Paar vorhanden, aber die Verführung, sich nicht selbst die Schuhe anziehen zu müssen, um sich gemeinsam den Sternenhimmel anzusehen, ist groß. Einfacher ist es allemal, im Sofa vor dem Fernsehen zu sitzen, sich von anderen Menschen in einer Talkshow unterhalten zu lassen, statt selber zu sprechen, oder mit dem Fernsehkommissar nach dem Mörder zu fahnden, statt sich den Spannungen und Widersprüchlichkeiten des eigenen Lebens zu stellen, Bewältigungs- und Lösungsstrategien zu suchen und auszuprobieren.

Zusammenfassung

Multimediale Angebote sind für Paare eine große Gefahr, sich nicht den Herausforderungen eines paarbezogenen Wachstumsprozesses zu stellen. Das einmal entsprossene Pflänzchen „Gemeinsamkeit" droht zu verdorren.

Übung

Schreiben Sie, jeder für sich, eine Woche die tatsächlichen Zeiten auf, die Sie mit audiovisuellen Medien (Fernsehen, Video, Computer) verbringen. Notieren Sie ferner, wieviel Zeit Sie jeweils als Paar unverzweckt miteinander verbracht haben. Stellen Sie sich nach dieser Woche gegenseitig Ihre Ergebnisse vor, und überlegen Sie, ob Sie mit der Zeitverteilung so beide zufrieden sind oder ob Sie etwas ändern wollen. Falls Sie etwas ändern wollen, nehmen Sie sich nur ganz kleine, überschaubare und mit möglichem Erfolg verbundene Ziele vor. Also keine Neujahrsvorsätze nach dem Motto: „*Ab morgen wird der Computer abgeschafft!*", sondern setzen Sie sich realistische Ziele, wie z.B.: „*Jeden Samstagabend werden wir jetzt von 20:30 bis 22:00 Uhr auf dem Teppich liegen und wie früher uns gemeinsam unsere Lieblingsmusik anhören.*"

18. Ich fühle mich – also bin ich

Gefühle kommen von selbst, sie sind da, sie sind eine Reaktion. Reaktion auf einen Raum, auf Bilder an der Wand, auf ein Gegenüber, auf meinen Partner. Es gibt zwar „angenehme" oder „unangenehme" Gefühle, aber sie sind als solche gleichwertig. Ein „schlechtes" Gefühl kann, wenn ein Mensch es zuläßt und die Botschaft, die in ihm steckt, für sich deutet, höchst wertvoll sein.

So erzählte eine Frau nach achtjähriger Ehe von dem regelmäßigen Alkoholmißbrauch ihres Mannes. Sie erinnerte sich an eine Begebenheit lange vor ihrer Hochzeit, als sie im Rahmen eines Festes bereits deutlichen Abscheu wegen des Umgangs mit Alkohol ihres damaligen Freundes empfand und die Beziehung beenden wollte. Da sie selbst in der Kindheit oft alleingelassen und einsam war, schwand das Gefühl, das sie warnte, und sie zog es vor: *„Lieber einen besoffenen Mann im Bett zu haben als gar keinen."*

Andere Menschen mußten sich schon als Kind sehr früh das Fühlen einfach abgewöhnen, weil die Gefühle, die die damalige häusliche Situation ausgelöst hätte, für sie unerträglich gewesen wären. Konkret bedeutet das, daß Kinder in schlimmen Situationen Mißbrauch, Verletzungen, dauernde Ambivalenz der Eltern zwar spüren und wahrnehmen, aber, um zu überleben, irgendwie lernen, das innerlich abzuwehren. Vielleicht werden sie zu Bücherwürmern, Stubenhockern, entwickeln irgendwelche Ticks oder lernen, sich zu anästhesieren, d.h., nicht mehr zu fühlen.

In einer Partnerschaft zwischen Frau und Mann ist es allerdings höchst wichtig, Gefühle, verstanden als wertneutrale Reaktion auf äußere Einflüsse bzw. innere körperliche Befindlichkeiten, wahrzunehmen, zuzulassen, einzuordnen, zu verstehen und ggf. auch dem Partner mitzuteilen. Wenn man sich körperlich nicht wohlfühlt und deshalb unausgeglichen ist, kann man das dem Partner mitteilen. So kann dieser ggf. unangemessene, überzogene Reaktionen, plötzliche Wutausbrüche über Nichtigkeiten, richtig einordnen, statt sich als deren Auslöser zu fühlen. Durch solche Mitteilungen können destruktive Eskalationen vermieden werden.

Da Gefühle immer der Ausdruck für die Art der augenblicklichen Beziehung zwischen mir als Subjekt und einem anderen Subjekt oder einem Objekt (z.B. dem Raum) sind, kann man sie auch als eine Art von „Seismograph“ bezeichnen, der unser Verhalten steuert. Dieser Seismograph hat sich aus der nahen Interaktion zwischen Eltern und Kindern entwickelt. Die Eltern haben Emotionen erlebt, vorgemacht und benannt. Das Kind lernt diesen Seismographen kennen und zu bedienen. Sind allerdings Mutter oder Vater nicht gut drauf, haben innerpsychische oder äußere Belastungen und vielleicht ungelöste Probleme miteinander, dann sind sie in ihrem intuitiven Elternverhalten gestört. Die Folge ist, daß sie nicht angemessen und förderlich auf ihr Kind reagieren, dem dadurch wichtige Entwicklungs- und Lernschritte vorenthalten bleiben.

Später in ihrer Partnerschaft, verhalten sie sich in manchen Bereichen noch wie ein Kind, da sie entsprechende erwachsene Verhaltensweisen noch gar nicht haben lernen können.

Der Mann, der als Kind vor der übermächtigen Mutter kuschen mußte, hat auch heute noch vor seiner Frau Angst. So bezieht er keine klare Meinung und Stellung, versucht vielleicht nur ganz subtil, seine Ziele zu erreichen.

Da ist die bildschöne Frau, die sich selbst zutiefst häßlich findet und so für die Komplimente ihres Partners ganz taub ist. Wie in dem Märchen von Schneewittchen hatte ihre Mutter mit ihr um ihre unschuldige Schönheit, um die Zuneigung des Vaters konkurriert und höchst eifersüchtig reagiert, wenn der Vater seine Tochter auf den Arm nahm, sich an ihr freute oder dem Mädchen sagte, wie schön es sei. So mußte sich die Tochter aus Angst vor der Mutter – von der sie ja existentiell abhängig war – die Ohren verschließen und entwickelte ein häßliches Innenbild von sich. In der Phase, in der sie sich verliebte, erreichte sie das Werben ihres Mannes, aber bald wurde die alte Botschaft der Mutter, die alte Beziehungssituation wieder übermächtig. Die alten Innenbilder bestimmten wieder ihre Wahrnehmung von sich selbst und ihren Gefühlen, so daß sie tragischerweise auch den Worten ihres Mannes nicht mehr glauben konnte und seine wohlwollenden Komplimente an ihr abprallten.

Bei derartigen Situationen ist die therapeutische Arbeit in der wohlwollenden, liebevollen Atmosphäre einer Gruppentherapie besonders hilfreich. Hier ist es durch imaginative Verfahren, durch eine kreative Trance, insbesondere aber durch die Rückmeldungen und Solidaritätserfahrungen in der Gruppe möglich, der Dysfunktionalität des eigenen Verhaltens in nahen Beziehungen nachzuspüren, wieder fühlen zu lernen und die Interpretation des eigenen Verhaltens mit den Gefühlen der anderen zu vergleichen. So kann die Frau, die von anderen Frauen und Männern hört, daß sie „schön" ist, langsam dieses Bild in sich aufbauen. Sie kann in der Gruppe die alte Konfliktsituation mit der Mutter nachspielen und sich eine neue Situation gestalten. Damit setzt sie gegen ihre alte Erfahrung eine neue Erfahrung, in der eine liebevolle Mutter sich über die Nähe zwischen Mutter und Tochter freut. Da kann der Mann aus dem obigen Beispiel lernen, seiner Mutter zu widersprechen, und dabei spüren und erfahren, daß er die Situation „überlebt".

Spüren
Ich liege in der Sonne –
genieße die Wärme –
das Helle –
und spüre nur mich.

Zusammenfassung

Gefühle informieren den Menschen über seine innerliche Befindlichkeit. Sie sind wertneutral. Da sie für die Verhaltenssteuerung wichtig sind, gilt es, sie wahrzunehmen und zuzulassen. Wenn Menschen sich in nahen Beziehungen, in bestimmten Situationen immer wieder dysfunktional verhalten, gilt es, die zugehörigen Gefühle und deren Quellen zu verstehen. Durch dieses Verstehen ist das Erlernen neuen Verhaltens möglich.

Übung

Schließen Sie einen Moment die Augen und beginnen Sie, bewußt zu fühlen. Spüren Sie, wie Ihre Sitzhöcker den Stuhl berühren, und horchen Sie auf Ihren Atem, Ihr Herzklopfen. Ist der Raum, in dem Sie sich befinden, warm oder kalt? Spüren Sie vielleicht auf der Haut den Luftzug. Dann öffnen Sie die Augen und nehmen den Raum wahr. Welche Atmosphäre strahlt er auf Sie aus? Wie wirken die Bilder an der Wand auf Sie? Wenn Ihr Partner sich im Raum befindet, schauen Sie ihn an und spüren, was von seiner Ausstrahlung bei Ihnen ankommt.

Machen Sie diese Übung auch mit Ihrem Partner und tauschen Sie Ihre Gefühle aus. Vielleicht machen Sie die Erfahrung, wie gut es sein kann, etwas völlig anderes als er zu fühlen und daß beides nebeneinander existiert. So spüren Sie intensiv, daß Sie ein eigener und einzigartiger Mensch sind.

19. Ich will berühren und berührt werden

Hat man die Gelegenheit, Eltern und ihren leiblichen Umgang mit ihren Kindern zu beobachten, so bemerkt man, daß dieser sich durch eine hohe Berührungsfrequenz auszeichnet. Kinder werden in den Arm genommen, gestreichelt, mit der Berührung der Haut getröstet und beruhigt. Und diese Aktivität geschieht wechselseitig, schon Säuglinge suchen aktiv die Berührung von Vater und Mutter.

Dieser leibliche, zwischenmenschliche Kontakt wird in westlichen Gesellschaften zu Beginn der Pubertät dann oftmals abrupt abgebrochen. Die Folge ist, daß wir uns zu einer „berührungsarmen Gesellschaft" entwickelt haben. Menschen tun sich schwer, ihr Grundbedürfnis nach Verbundenheit, Gemeinschaft, Solidarität auch leiblich auszudrücken. Lediglich bei Sportveranstaltungen kommt es bei Männern zu Körperkontakt, wenn sich die Spieler nach dem Siegestor um den Hals fallen. Frauen tun sich in der Regel leichter, sie scheinen eher in der Lage zu sein, sich durch ein Halten Trost zu spenden oder durch eine Umarmung Verbindlichkeit und Freundschaft auszudrücken.

Aber wieviel Kranke leiden doppelt, weil keiner in der Lage ist, ihre Hand zu halten. Wieviel Menschen sterben einsam, weil die Angehörigen es nicht gelernt haben, sie zu berühren und so durch einen leiblichen Ausdruck das „einfache Dasein" – ich bin bei dir in deinem Sterben – zu vermitteln.

Ein wesentlicher Grund dieser Berührungsarmut liegt in der üblichen Deutung solcher leiblichen Berührung. In den meisten Fällen wird sie als Auftakt zu einem sexuellen Kontakt interpretiert. Die ursprünglichen Deutungen sind zwar aus Kindertagen noch im Gedächtnis des Leibes bewahrt, aber sie sind, weil nicht als Erwachsener eingeübt, nicht verfügbar. So bleibt die mögliche Fülle leiblicher Begegnungen im zwischenmenschlichen Bereich ungenutzt. Weder Männer noch Frauen wollen schließlich dauernd und vornehmlich sexuellen Kontakt. Im Grunde wollen aber beide immer wieder leiblich spüren, daß sie zusammengehören, daß sie sich schätzen und liebhaben. Sie wollen sich am Leib des anderen ausruhen, Trost und Mut schöpfen und sich an der leiblichen Schönheit des Partners freuen. So ist es wichtig, daß Paare jenseits sexueller Intention die Ausdrucksvielfalt ihres Körpers (wieder)entdecken und entwickeln. Dies ist deshalb so wichtig, weil ein wichtiges Ziel einer Partnerschaft auch darin besteht, das Bedürfnis nach Berührung und Berührt-Werden zu stillen.

Zusammenfassung

Mangel an körperlicher Berührung führt zu einer Verarmung der kommunikativen und sozialen Ausdrucksfähigkeit der Partner. Ein wesentlicher Hintergrund besteht in dem Mißverständnis, Berührung unter Erwachsenen fast ausschließlich als Aufforderung zu sexuellem Kontakt zu deuten.

Übung

Setzen Sie sich einander gegenüber, so daß Sie sich mit den Händen anfassen können. Nun versuchen Sie im Wechsel mit Ihren Händen ein Gefühl auszudrücken und den Partner dies erraten zu lassen. Es gibt eine Vielfalt von Gefühlen, z.B.: traurig, hilflos, freudig, anlehnungsbedürftig, niedergeschlagen, kampfbereit, erregt ...

In einem zweiten Teil dieser Übung, vielleicht einige Tage später, versuchen Sie die Gefühle, Stimmungen, Bedürftigkeiten mit Ihrem ganzen Leib auszudrücken, ähnlich wie dies Schauspieler in einer bestimmten Rolle auf der Bühne machen.

20. Die Ehe ein Hafen? Oder: Von der Kraft innerer Bilder

Fragt man sich, was Menschen motiviert bzw. veranlaßt, sich in bestimmten Situationen auf eine bestimmte Art und Weise zu verhalten, so stößt man unter anderem auch auf innere Bilder, Ideen, Vorstellungen, die als eine Art „Motor" betrachtet werden können. Diese Tatsache trifft in besonderer Weise auch auf das Gestalten und Sich-Verhalten in einer Ehe zu. Bittet man Ratsuchende in der Eheberatung, jenseits ihres jetzigen augenblicklichen Erlebens einmal zu benennen, was sie sich unter einer Ehe vorstellen, so kommen meistens Bilder, die von ganz viel Sehnsucht nach Geborgenheit, Friede, Harmonie, Sicherheit, Verständnis und Treue geprägt sind. Schaut man kritisch Ehen und Familien in den Werbespots für Kaffee oder Margarine an, so wird ein bewußt liebevolles glückliches Miteinander vorgestellt. Mit den Produkten soll ja viel mehr als nur Kaffee oder Margarine verkauft werden. Mit dem Kauf soll auch Anteil an der Atmosphäre der Fernsehfamilie am Frühstückstisch erworben werden. Daß die Realität anders aussieht, liegt bei etwas Distanz klar auf der Hand, aber die Werbestrategen wissen, wie sie ihr Produkt am besten an den Mann und die Frau bringen können.

Auch Heiratsannoncen sind voll von Bildern ungestillter Sehnsüchte, nach dem Motto „Dornröschen sucht den Prinzen, der sie erlöst", oder „Weihnachten will ich nicht mehr einsam sein". Gut gemeinte Wünsche von Freunden zur Hochzeit spiegeln ebenfalls diese Leitbilder wieder. So gratulierten die Kollegen eines kommunalen Sozialamtes einem jung vermählten Paar mit einer selbst gestalteten Plakatwand, auf denen sie die beiden Partner – die Köpfe waren lebensgroß aufgeklebt – in ein Boot setzten und ihnen alles Gute auf der Fahrt in den Hafen der Ehe wünschten.

Dagegen äußerte sich ein Mann, der von der Lokalredaktion seiner Zeitung nach dem Erfolgsrezept für 50 Jahre Ehe gefragt wurde, ganz von seinen verdichteten Erfahrung der Ehe geprägt, als er sagte: *„Immer die Zähne zusammenbeißen"*. In beiden Bildern, in dem des „Hafens" und dem des „Zähnezusammenbeißens", wird deutlich, daß es verschiedene Möglichkeiten gibt, die Ehe zu gestalten und zu leben. Wichtig ist allerdings, daß es möglichst beiden Partnern bewußt ist, welchem Leitbild sie folgen, durch welches sie ihr Verhalten steuern. Ist es eine starke innere Quelle, so kann aus einem Leitbild schnell ein Lei**d**bild werden, etwa, wenn jemand seine eigene abweichende Realität an dem Leitbild überprüft, mißt und wertet.

So verleitet das Bild vom Hafen dazu, Ehe mit Harmonie, Frieden und Ruhe zu assoziieren. Was geschieht aber, wenn plötzlich Meinungsverschiedenheiten auftauchen? Wenn diese Verschiedenheiten so extrem erscheinen, daß keine Übereinkunft möglich zu sein scheint? Wenn einer von beiden krank wird und sich nicht mehr so wie früher in die Beziehung einbringen kann? Wenn ein Kind das Paar bereichert, dieser Reichtum aber vor allem eine radikale Umstellung der Lebensgewohnheiten beider bedeutet?

Hat dann das Leitbild des Hafens, der Harmonie oder der Frühstücksmargarine-Familie immer noch eine starke innere Bedeutung, und ist ein Paar nicht in der Lage, das innere Leitbild zu verändern, kommt es zu ernsthaften, die Ehe gefährden Störungen. Das drückt sich etwa in Sätzen aus wie: *„Früher war mein Mann immer sehr nett zu mir, aber seit einiger Zeit behandelt er mich nur noch schlecht!“* Oder: *„Seit das Kind da ist, hat meine Frau keine Zeit mehr für mich!“*

Ähnlich destruktive Funktion hat auch das Leitbild des „Zähne-Zusammenbeißens“. Sicherlich würde heute kein junges Paar bewußt ein solches Leitbild wählen. Aber es ist manchmal unbewußt vorhanden, wenn gesagt wird: „Der Ehe geht immer das (christliche) Kreuz voraus“, oder: „Ehe = **E**rrare **h**umanum **e**st (lateinische Abkürzung für: Irren ist menschlich).

In diesen Bildern fehlt das Anziehende, der Genuß, die Lust und Freude. Und Menschen, die noch nicht genießen können (beziehungsweise das auch nicht lernen wollen), werden mit der Zeit für ihre Partner ungenießbar und unerträglich.

Ihre Entstehungsgeschichte haben solche Bilder meist in der Überlieferung der Eltern, in ihrem Vorbildverhalten. Für diese mögen sie hilfreich zur Bewältigung ihrer Lebenssituation gewesen sein. Heute gilt es allerdings für ein Paar zu kontrollieren und zu überprüfen, welche Leitbilder und damit welche Orientierungshilfen es für das Gestalten seiner eigenen Ehe hat. Es geht also um die Frage: Von welchen inneren Bildern zur Ehe lasse ich mich leiten?

Zum Schluß soll auf ein Leitbild aufmerksam gemacht werden, das sich an den Regeln des Marktes, der Wirtschaft und des Geldes orientiert. Es ist das Leitbild des Funktionierens, der Effektivität, des Größer, Schneller, Höher und Immermehr, das des grenzenlosen Wachstums mit Kapitalmaximierung. Und wenn dann etwas nicht funktioniert, nicht effektiv ist oder neuesten Moden entspricht, wird es entsorgt oder zwischengelagert. Der modische Anzug kommt über den Altkleidersack auf die Verkaufstische in der „Dritten Welt", der Arbeitslose geht stempeln, und der kaputte Fön landet in der Mülltonne, da er nicht mehr repariert werden kann.

Es besteht die große Gefahr, daß das dahinter verborgene Leitbild auch auf die Gestaltung von nahen Beziehungen übertragen wird. Denn auch steigende Scheidungszahlen deuten darauf hin, daß bei auftauchenden Problemen in der Ehe nicht die Idee da ist, dies auszuhalten, nach ihrem Sinn zu fragen und ggf. in der Gestaltung der Ehe etwas zu ändern, sondern daß es einfacher scheint, den Mann, die Frau zum „alten Eisen" zu tun und sich eine neue Frau oder einen neuen Mann zu nehmen. Beim nächsten Mann, bei der nächsten Frau wird dann alles besser, so die trügerische Hoffnung.

Trügerisch, weil in der Regel dasjenige, was mich am Partner ärgert, wodurch ich mich kränken lasse, ganz viel mit mir selbst zu tun hat. So kam ein Mann nach vierjähriger Ehe ganz verzweifelt in die Eheberatung. In seiner ersten Ehe – diese hatte zwölf Jahre gedauert – hatte er sich an genau diesem Punkt scheiden lassen. Jetzt wollte er, ganz bewußt, nicht schon wieder diesen Weg zur Lösung beschreiten.

Zusammenfassung

Innere Leitbilder, geprägt durch Wünsche, Sehnsüchte und Lebenserfahrungen der Eltern sowie äußere Leitbilder, vorgegeben z.B. durch eine von Kapitalmaximierung geprägte Wirtschaftsordnung, können großen Einfluß auf die konkrete Alltagsgestaltung einer Ehe haben. Es gilt, sich der eigenen Leitbilder bewußt zu werden, sie damit zu kontrollieren und gegebenenfalls zu korrigieren und zu verändern.

Übung

Lassen Sie sich zunächst Zeit, den Alltag hinter sich zu lassen, und entspannen Sie sich. Dann schreiben Sie auf einem Zettel möglichst viele Bilder und Metaphern, die mit dem Satz beginnen:

Ehe ist für mich wie ...

Wenn Sie damit fertig sind, versuchen Sie, sich in Ihre Eltern, getrennt nach Vater und Mutter, hineinzuversetzen und ebenfalls aus deren Sicht Bilder und Metaphern zu sammeln.

Ehe war für meinen Vater wie ...
Ehe war für meine Mutter wie ...

Tauschen Sie sich nun mit Ihrem Partner über diese Bilder aus.

21. Ehe als Partnerschaft

Fragt man heute danach, mit welchem Ideal bzw. mit welchem Leitbild jemand seine Ehe leben will, so wird man in der Regel das der Partnerschaft genannt hören. Ein Hauptproblem besteht nun darin, daß Menschen, die als Partner zusammen in der Ehe leben wollen, i.d.R. nur wenige Modelle in ihrer Kindheit erleben konnten, wie Vater und Mutter in Partnerschaft zusammen lebten. Und da die ersten Interaktionsformen sehr prägend sind, stehen Paare vor einer großen Herausforderung: Sie müssen sich die Form des Zusammenlebens als Partner in Partnerschaft gemeinsam erarbeiten.

Im folgenden sollen einige Gedanken zum Zusammenleben in Form der Partnerschaft vorgestellt werden. Es gilt hier besonders zu betonen, daß diese Formen sich im Fluß befinden und somit zu Änderungen und Verbesserungen herausfordern.

Partnerschaft setzt als Grundlage zwei Partner voraus, die nicht gleich sind, sondern sich unterscheiden. Jeder hat seine eigene Geschichte, sein eigenes Fühlen, Denken, Wollen und Handeln. Jeder von beiden nimmt die Wirklichkeit auf seine je eigene Art und Weise wahr, jeder hat seine eigene Vorstellung, Probleme zu lösen, Aufgaben zu bewältigen. Partnerschaft bedeutet, diese Unterschiedlichkeit als Basis anzuerkennen. Ja, es gilt sogar zu lernen, unterschiedliche Wahrheiten und Wirklichkeiten im Miteinander auszuhalten.

Dabei läßt sich die Erfahrung machen, daß manchmal erst die beiden sich widersprechenden Wahrheiten, das Neue, das zwischen zwei Menschen entsteht, die ganze Wirklichkeit ausmachen. Dadurch werden Lösungen 2. Ordnung (Kapitel 14) möglich.

Partnerschaft bedeutet auch, daß die Aufgabenverteilung in der Hausarbeit, die Sorge um die Kinder, um alte Eltern, die Pflege der Nachbarschaft, keine Frage des Geschlechts ist. Männer scheinen hier noch besonders verunsichert, eine für sie stimmige Identität zu finden. Engagieren sie sich im Haushalt, bei der Erziehung der Kinder, dann kann es sein, daß ihre Frau dies subtil torpediert, weil sie ihren

Herrschaftsbereich in Gefahr sieht. Bei Freunden werden diese Männer vielleicht als „Weichei“ verspottet. Orientieren sie sich aber an alten überkommenen Rollenmustern, werden sie schnell zu „Paschas“ abgestempelt.

Für Frauen ist oftmals der Schritt in die öffentliche Verantwortung mit inneren Zweifeln verbunden; das gilt für sie selbst, wie auch für ihre Zugehörigkeit zu anderen Frauen. Stellt eine Frau sich öffentlichen Ämtern – auch einem ehrenamtlichen Vorsitz in einem Verein – wird sie oft von Selbstzweifeln geplagt und hat den Neid ihrer Geschlechtsgenossinnen auszuhalten. Infolgedessen sind in Politik, Wirtschaft und Gesellschaft immer noch viele Entscheidungsträger Männer.

Zusammenleben in Form der Partnerschaft zwischen Frau und Mann bedeutet vor allem, daß zunächst jeder für sich selbst weiß, was er denkt, fühlt und will, daß jeder sich selbst schätzt, ehrt und liebt. Mit dieser Grundhaltung, dieser Basis ist es erst möglich, mit einem anderen Menschen zusammenzuleben, sich Strukturen zu geben, die sich im Alltag leben lassen, aber auch ein Chaos in der Partnerschaft gelassen zu überstehen. Denn beide haben die feste Gewißheit und Hoffnung, daß erst das Chaos eine komplexere Form des Miteinanders ermöglicht.

Zusammenfassung

Grundlage einer Partnerschaft sind die Ehre, Würde und Liebe, die jeder Partner sich selbst gegenüber empfindet. Aus dieser Haltung heraus ist es möglich, auch den Partner zu ehren und ihm Achtung, Liebe und Wertschätzung entgegenzubringen. Damit ist die Basis für gleichberechtigtes Handeln und Leben geschaffen.

Übung

Nehmen Sie ein großes Blatt Papier oder Plakatkarton, auf dem Sie sich selbst in Umrissen malen. Sie beschriften einzelne Körperteile und malen sie aus. Dann schreiben Sie dazu, was Sie alles damit können und tun, z.B. bei der Hand: fühlen, streicheln, zupacken, ordnen, schlagen, ... Sind Sie damit fertig, überlegen Sie, welche Körperteile Ihnen im Moment besonders wichtig sind und warum. Z.B.: Meine Füße sind mir besonders wichtig, denn mit ihnen spüre ich, daß ich einen Platz auf dieser Erde habe.

Lassen Sie sich für diese Reflexion zwei Stunden oder mehr Zeit.

Verabreden Sie sich mit Ihrem Partner, um sich gegenseitig die Bilder vorzustellen.

22. Ehe – ein Gestaltungsfeld mit Widersprüchen

Galt noch bis zum Jahre 1976 – mindestens rein rechtlich gesehen – das Leitbild der Hausfrauenehe, so sind heute die Vorstellungen über die Gestaltung einer Ehe eher diffus. Während des größten Teils dieses Jahrhunderts war das herkömmliche gesellschaftliche Bild einer Ehe eindeutig. Es gab klare Strukturen, die Frau hatte sich um den Haushalt und die Erziehung der Kinder zu kümmern, der Mann mußte draußen das Geld verdienen und war für die Angelegenheiten der Familie Entscheidungsträger. Die Ehe, als eine Institution jenseits des Willens der Eheleute, bot klare Verhaltensregeln und damit Vorteile für die innere Sicherheit in der Art und Weise des Zusammenlebens. Und da die meisten Menschen so lebten, brauchten die Rollenverteilung und Aufgaben in der Ehe nicht ausgehandelt zu werden. Ferner war klar, daß, wenn man heiratete, auch recht bald Kinder kommen würden, die Frau zu Hause blieb und der „Aufzucht" der Kinder wegen ihren Beruf aufgab.

Alle diese „Sicherheiten" stimmen am Ende 20. Jahrhunderts nicht mehr. Heute stehen junge Leute, die sich lieben und zusammenbleiben wollen, vor einer Menge von Fragen und Entscheidungen, die für ihre Eltern undenkbar gewesen wären: Heirat oder Nichtheirat, Zusammenleben mit oder ohne Trauschein, eine oder zwei Wohnungen, Familiennamen der Frau oder des Mannes. – Erstmalig können aufgrund sicherer Kontrazeptiva Mann und Frau, die zusammenleben wollen, entscheiden, ob sie überhaupt Kinder haben wollen oder nicht. – Und sie wissen heute auch, daß viele Ehen scheitern und die Partner sich wieder trennen, daß das Versprechen und die Hoffnung, in guten und schlechten Zeiten zusammenzuhalten, auch zurückgenommen werden kann. Dieses Wissen erleichtert aber nicht ihre Entscheidung, weil sie auch erleben, mit wieviel Schmerz und Leid eine Trennung und Scheidung verbunden sind.

Im folgenden soll ein Modell von Ehe vorgestellt werden, das die Ambivalenzen und Widersprüche der Partner nicht aufheben will, sondern bewußt nebeneinander stehen läßt. Dies geschieht aus der Ansicht heraus, daß gerade Widersprüchlichkeiten erst das ganze Bild ergeben und daß sie Motor für Lösungen der Fragen und Herausforderungen des Paares sein können. Das ergibt Lösungen, die nicht für alle Paare lebbar sind (wie etwa bei der Hausfrauenehe im weitaus größten Teil dieses Jahrhunderts), die aber gerade für das Paar zutreffen, das sie sich erarbeitet hat.

In diesem Sinne verbindet ein Paar nicht mehr die Ehe als eine übergeordnete Institution, sondern Ehe als selbstgestaltete und verantwortete Übereinkunft.

In der Gewißheit der Verbundenheit, des Zusammengehörens, können die Partner dann ihre Ehe als ein Feld begreifen, das es zu bestellen gilt. Die Gestaltung ist nicht abgeschlossen, sondern eher als Lebensaufgabe zu begreifen, in die die unterschiedlichen Herausforderungen, vor denen ein Paar immer wieder steht, zu integrieren sind. Solche Herausforderungen können sein: Gestaltung der Freizeit, Feiern und Feste, Leben von Sexualität und Sinnlichkeit, Aufgabenverteilung bei den Hausarbeiten, Leben mit Kindern, aber auch Krankheit, Schicksalsschläge, Arbeitslosigkeit, Außenbeziehungen.

Das im folgenden vorgestellte „Bild vom Paar“ soll ein Gerüst sein, um das, was alles in einem Paar zur Gestaltung der Beziehung dazugehören kann, aber nicht muß, einzuordnen und zu verstehen. Dabei geht es nicht um ein „richtig“ oder „falsch“, „das ist noch Ehe, das ist keine mehr“, sondern es geht darum, die je eigene subjektiv erlebte Welt des Zusammenseins als Paar zu verstehen. Es geht ausdrücklich nicht um eine objektive „DIN/ISO-Ehe“, so wie sie vielleicht von externen „Eheexperten“ postuliert würde, sondern einfach darum, wie normale Menschen den Weg zu einer für sie reicheren und befriedigenderen Ehe finden können.

Dieses Ehebild geht davon aus, daß die Dynamik eines Paares und die innere Dynamik jedes einzelnen als Gestaltungsfeld betrachtet werden kann. Dieses Feld ist ein dynamisches Ganzes in einem umgrenzten Lebens- und Aufgabenbereich im Gesamtkontext der Gesellschaft. Es ist gekennzeichnet durch vielfältige Pole, d.h., in Abhängigkeit voneinander stehenden Feldkräften.

Ganz wichtig ist es, sich dabei nicht von einer inneren Wertung, also etwa: der Pol „aktiv“ ist gut und der Pol „passiv“ ist schlecht, leiten zu lassen, sondern beiden Polen ein gleichberechtigtes Nebeneinander zuzuordnen.

Jeder dieser Pole hat sowohl Aufforderungsmomente als auch Begrenzungen. So genießt z.B. ein Paar die Innigkeit des Zusammenseins, erstickt aber in ihr, wenn nicht auch der Gegenpol des Alleinseins gelebt wird, d.h. der Teil von Autonomie in jedem Menschen, der nicht auf den Partner bezogen ist.

Oder: das „einfache Da-sein“, das sich Eingebundenfühlen in den Kosmos zu genießen, müßte zusammenbrechen, wenn nicht auch der Alltag pflichtbewußt (mit Elternabenden, Putzen und Geldverdienen) gelebt würde.

Ehe als Gestaltungsfeld mit ambivalenten Polen

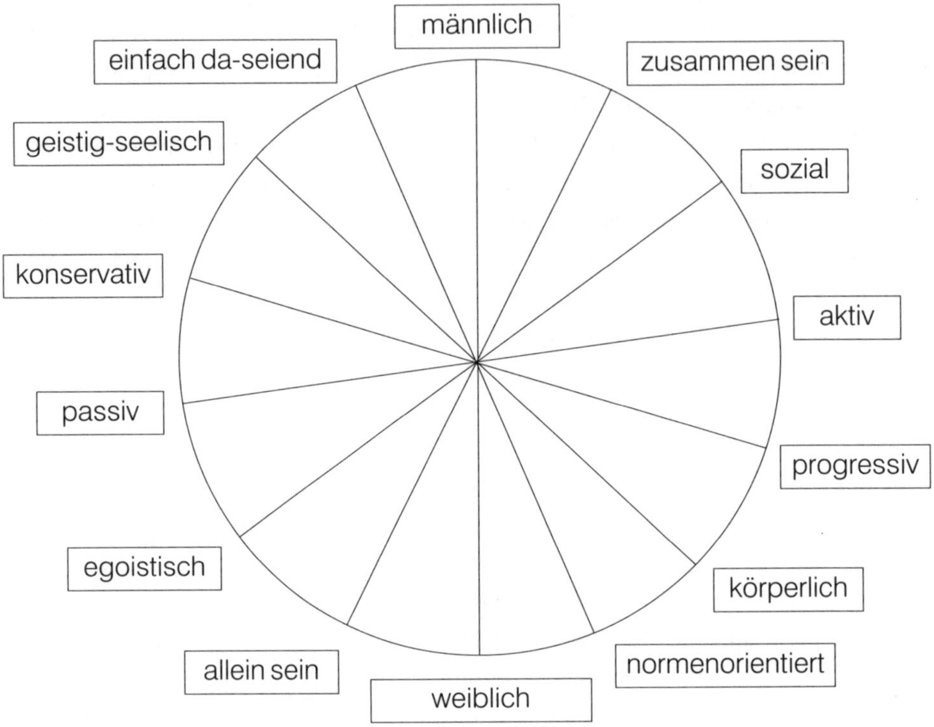

Diese Pole lassen sich, mit aller Vorsicht und Subjektivität, folgendermaßen beispielhaft charakterisieren:

weiblich: zart, gefühlsbetont, versorgend, geduldig, wehleidig, mütterlich, wankelmütig, verführerisch, diplomatisch, weich, sexy, hilfsbereit, verständnisvoll, geschwätzig, aufgeregt, einfühlsam
männlich: klar, hart, zielstrebig, brutal, rücksichtslos, väterlich, ordnend, sichernd, beschützend, unkommunikativ, stark, rational, vernünftig, stur, unsensibel, weiß, wo es langgeht

zusammen sein: harmonisch, friedfertig, konfliktscheu, liebesblind, du-treu, anklammernd, ich-schwach, verschmelzend

allein sein: aggressiv, trennend, unnahbar, zurückweisend, autonom, ich-treu, rätselhaft, fern, abgrenzend

konservativ: vergangenheitsorientiert, bewahrend, unbeweglich, starr, sicher, zuverlässig
progressiv: zukunftsorientiert, mutig, hoffend, blind, fortschrittlich, extravagant

sozial: fürsorglich, aufopferungsbereit, gesellschaftlich engagiert, politisch, selbstlos, gerecht, kämpferisch, überverantwortlich, ausgebrannt
egozentrisch: selbstbewußt, würdevoll, selbstversorgend, egoistisch, narzistisch, selbstverantwortlich, unabhängig, ressourcenreich

körperlich: beweglich, geschmeidig, lustvoll, sexuell, trainiert, schmerzhaft, unbeweglich, steif und starr, funktionierend, erdhaft, realitätsnah, tatkräftig
geistig-seelisch: bewußt, überlegt, mitfühlend, geistlich, feinfühlig, empfindsam, verstehend, verwirrt, abgehoben, versponnen, unrealistisch

aktiv: kreativ, schöpferisch, lebensbejahend, fruchtbar, ideenreich, phantasievoll, aufgeschlossen
passiv: tot, depressiv, müde, träge, verzweifelt, perspektivlos, gelassen, abwartend, auf Neues hoffend, frei für Unerwartetes, leer, aufnahmebereit

normenorientiert: pflichtbewußt, arbeitsam, fleißig, verantwortungsbewußt, zuverlässig, emsig, alltäglich, langweilig, rigide
einfach da-seiend: präsent, Existenzberechtigung spürend, sich in Gott (im Kosmos) verankert wissend, genießend, faul, lethargisch, unbekümmert, null Bock

Mit diesem Bild läßt sich ein Geschmack, eine Idee davon bekommen, welche Vielfalt an menschlichen Verhaltensweisen in einem Paar zur Lebendigkeit dazugehören **kann**.

Ferner kann dieses Bild als Folie genutzt werden, um Zugang zu den Problemen in einem Paar zu bekommen und diese zu beschreiben. Dazu schaut man sich die einzelnen Pole an und läßt sich etwa von folgenden Fragen leiten: Wie sieht die Polverteilung aus? Gibt es Einseitigkeiten? Ist einer z.B. immer eher traurig, depressiv (Pol: passiv) und der andere meist eher lustig, fröhlich (Pol: aktiv)?

Sind beide innerlich und oftmals auch äußerlich stark miteinander verwoben (Pol: zusammen sein)? Dieses drückt sich vielleicht dadurch aus, daß sie meinen, alles gemeinsam machen zu müssen, so daß sie im Extremfall, z.B. bei einem Büffett, zusammen von einem Teller essen (vom Autor so erlebt!). Hat keiner den Mut oder weiß gar nicht, wie das geht, sich abzugrenzen, eigene Dinge zu tun? (Pol: allein)

Solche Beschreibungen des konkreten, beobachtbaren Verhaltens im Miteinander eines Paares sind Hilfen, um Zugang zu den dahinter liegenden Schwierigkeiten zu finden. Man kann aus den beobachteten Phänomenen im konkreten Verhalten auf die Erlebens- und Verhaltensstruktur des jeweiligen einzelnen im nahen Kontakt mit einem Partner schließen. Es gilt dann der Frage nachzugehen, welche persönliche Lerngeschichte – nämlich: Wie gestalte ich eine nahe Beziehung? – hat der einzelne in die Partnerschaft mitgebracht, was ist daran dysfunktional und wo sind die Quellen, die dieses Verhalten heute, obwohl andere Bedingungen bestehen, immer noch steuern (siehe auch Kapitel 5).

Bei der gemeinsamen Suche nach den Gründen für „störendes Verhalten" wächst durch diese Klärung Verständnis füreinander und damit die Basis, neue Weisen des Miteinander-Umgehens zu lernen. Dann kann es zu einem Fließgleichgewicht im Paar zwischen den verschiedenen Polen kommen. Z.B. kann derjenige, der bisher immer „aktiv" war, lernen, auch einmal „passiv" zu sein, und dabei erleben, daß Ruhe und Gelassenheit die Voraussetzung für Schöpferisches sind. Für den immer „Depressiven" wird andererseits Platz, sein eigenes kreatives Potential in der Partnerschaft lebendig werden zu lassen. Die Starrheit, der Tod alles Lebendigen löst sich, und ein Paar kommt wieder in Fluß.

Für eine solche Klärung ist Voraussetzung, dem Partner zuzutrauen, daß er mich nicht absichtlich verletzen will, daß also die Klärung im Sinne eines „Ehe-TÜV" von Wohlwollen füreinander getragen wird. Ist eine solche Atmosphäre momentan nicht möglich, sollte die Klärung im Rahmen einer Therapie geschehen.

Grundsätzlich gehören Spannungen selbst bei liebevollstem Miteinander zu jeder Beziehung, denn der Partner bleibt letztendlich fremd. Innigliche Verbundenheit und Begegnung im Paar sind nicht zu lösen vom Respekt vor der Freiheit des anderen, die Wechselseitigkeit des Miteinanders ist nicht zu trennen von einer rigorosen Achtung vor dem Anderssein des Partners. Das fordert den einzelnen im Paar heraus, im Angesicht des anderen, im Kontakt mit ihm, auch immer mehr er oder sie selbst zu werden.

An meinen Mann
Ich wollte unbedingt ganz weit fort von Dir.
Die Umklammerung zu lösen mein größtes Ziel.
Nun sitze ich hier und sehne mich nach –
Dir.

Zusammenfassung

Ehe wird definiert als ein partnerschaftliches Gestaltungsfeld, in welchem Widersprüchlichkeiten und Ambivalenzen als zur Ehe dazu gehörig verstanden werden. Entfaltet wird dieser Gedanke an einem Modell, in welchem verschiedene Pole des Miteinanders in Beziehung gebracht werden. Es geht nicht um ein Eheideal, sondern um eine Folie, das Miteinander zu beschreiben, dadurch immer mehr die eigene Praxis zu verstehen und ggf. zu ändern. Die Anerkennung gerade der Unterschiedlichkeit des anderen ist Grundmaxime, sie ermöglicht Lösungen für das jeweilige Paar.

Übung

Nehmen Sie die obige Skizze und die Liste der Beschreibungen der Pole. Dann lassen Sie sich von folgenden Fragen leiten:

- Welcher Pol zieht mich im Moment besonders an?
- Welcher Pol löst Ärger, Unwohlsein, Irritationen bei mir aus?
- Welcher Pol spielt in unserer Partnerschaft überhaupt keine Rolle?
- Welche Pole gelingen uns im Miteinander?

Lassen Sie sich ca. ein bis zwei Stunden Zeit, diese Fragen auf sich wirken zu lassen. Schreiben Sie auf, was Ihnen dazu einfällt.

Tauschen Sie sich mit Ihrem Partner über Ihre Erkenntnisse aus. Falls Sie etwas ändern möchten, vereinbaren Sie konkrete am Verhalten orientierte Dinge. Also nicht: „*Ich müßte auch ein wenig ruhiger werden!*" sondern: „*Wenn ich das nächste Mal Kopfschmerzen bekomme, will ich keine Tablette nehmen, sondern mir zwei Stunden Zeit und Ruhe lassen, um meine Kopfschmerzen aufzumalen und mich dann zu fragen, was diese mir wohl sagen wollen.*"

Machen Sie die Übung häufiger und benutzen Sie sie zu einer Standortbestimmung Ihrer Beziehung.

Übung für eine Gruppe

Schreiben Sie die Benennungen für die Pole auf Kartons und legen Sie diese in Kreisform auf den Boden und zwar so, daß die jeweiligen Extreme der Pole sich gegenüber liegen.

Dann stellt sich jeder Teilnehmer hinter den Pol, mit dem er sich im Moment identifizieren möchte. Wenn jeder seinen Platz gefunden hat, beginnt er als Pol zu sprechen und die Aufforderungsmomente, wie auch die Begrenzungen, die in jedem Pol stecken, auszudrücken:

Beispiel

Pol: zusammen sein

- Ich bin nah mit dir zusammen und finde es dann ganz warm und kuschelig.
- Ich bin so nah mit dir zusammen, daß mir die Luft zum Atmen weg bleibt.

Zusätzlich kann jeder andere Teilnehmer, der es will, sich ebenfalls hinter diesen Pol stellen und eigene Identifikationen mit diesem Punkt benennen. Werden keine Identifikationen mehr genannt, wird zum anderen Pol der Achse gewechselt:

Pol: allein

- Ich bin allein und nehme dich gar nicht mehr wahr.
- Ich bin allein, und nur aus der Entfernung kann ich auf dich zugehen, wenn ich das will und mich dazu entscheiden.

Anschließend erzählt jeder, was er bei diesem Erwandern der Pole erlebt hat, was bei ihm durch die Äußerungen anderer in Gang gesetzt wurde.

23. Autonomie und Zweisamkeit

In vielen Paaren ist die Idee einer totalen Offenheit, eines grenzenlosen Vertrauens zueinander, der Stillung aller emotionalen Bedürfnisse sehr zentral, ja, sie verstehen **das** als Grundpfeiler einer Ehe, als Ausdruck ihrer Liebe. Dadurch kann es passieren, daß ihre Ehe in Fesseln liegt, denn beide suchen einem Ideal und einer Sehnsucht nachzukommen, die nicht einlösbar sind, weil sie jeden Menschen überfordern. Von religiös verankerten Menschen kann man erfahren, daß sie dieses grenzenlose Vertrauen in Gott finden.

Beide Partner sind unterschiedlich, und aus dieser Unterschiedlichkeit, aus den Spannungen, aus den Übereinkünften entsteht kreatives Potential. Damit es entstehen kann, ist ein auf „Sich-selbst-geworfen-sein", ein reales leibliches Spüren sehr beziehungsstiftend und eheerhaltend in dem Sinne: *„Ich bin ein eigener Mensch mit eigenen Gedanken, Wünschen und Kontakten, die nichts mit meinem Partner zu tun haben, ja von denen er nicht einmal wissen muß."*

Denn werden alle emotionalen Bedürfnisse nur auf den Partner gerichtet, wird eine Beziehung gefühlsmäßig überfrachtet, und der Partner wird sich innerlich abwenden, um sich davor zu schützen.

So erwartete ein Mann von seiner Frau, daß sie mit ihm das eheliche Bett teilte, obwohl sie regelmäßig durch sein lautes Schnarchen wach wurde. Ein Auszug in ein Nachbarzimmer hätte ihn sehr verletzt, sie mochte ihm diese Verletzung – ihr Anrecht auf einen ungestörten Schlaf – nicht zumuten.

Beide kamen in die Beratung, weil sie unter gegenseitigen subtilen Aggressionen litten und die Frau sich deshalb mit dem Gedanken trug, sich von ihrem Mann zu trennen.

Deutlich wird an diesem nicht seltenen Beispiel, daß, wenn Partner nicht darauf achten, innerhalb einer Partnerschaft auch autonomes Verhalten zu leben und zu gestalten, Überreaktionen zu Trennungen führen können. Als in dem obigen Beispiel beide Partner lernten, daß jeder im eigenen Interesse Dinge tun muß, die zunächst vielleicht den Partner „verletzen", entspannte sich die Situation. Die Frau kam zu regelmäßigem Nachtschlaf und war dadurch tagsüber viel ausgeglichener. Die Idee einer totalen Trennung verschwand bald, weil sie es geschafft hatte, sich von ihm im Kleinen zu trennen. Durch ihren Auszug aus dem gemeinsamen Schlafzimmer hatte sie seine infantilen Verbundenheitssehnsüchte zurückgewiesen. Er konnte nun im Rahmen der Paartherapie diese Wünsche bearbeiten und Verletzungen aus Kindertagen betrauern.

Durch ihren bewußten autonomen Schritt (den Auszug aus dem gemeinsamen Schlafzimmer) machte sie einen zunächst ihr noch unbewußten Schritt zu mehr echter, ehrlicher Zweisamkeit. Dies wurde daran deutlich, daß nach einiger Zeit der getrennten Schlafzimmer sie Lust auf ihn bekam und ihre eingeschlafene Sexualität plötzlich wieder lebendig wurde. So machte der „verletzende" Schritt des Auseinandergehens ein Aufeinanderzugehen und lustvolles Miteinander erst wieder möglich.

Stärke

Jetzt weiß ich,
daß ich wirklich stark bin.
Fühle mich so erdverbunden
wie noch nie,
stehe mit meinen Füßen so fest
auf dem Boden,
daß mich so schnell
nichts mehr aus dem Gleichgewicht
bringen wird.
Ich weiß,
wer ich bin und was ich kann.
Die Zeit mich zu finden war lang:
aber jetzt beginnt ein neues Stück
meines Lebens.
Und ich erfreue mich daran!

Zusammenfassung

Autonome Verhaltensweisen in einer Partnerschaft sind die Grundlage, diese überhaupt leben zu können. Das Entstehen von liebevoller Zuneigung, das Wachsen der „Liebe" füreinander ist gekoppelt an die Achtung vor der Freiheit und der Andersheit des Partners.

Übung

Stellen Sie – im Wechsel der Partner, erst der eine, dann der andere – ein „Standbild“ von sich als Paar:

a) eng körperlich umschlungenes Paar,

b) voneinander körperlich getrenntes Paar, das Sichtkontakt hat.

Versuchen Sie, diese Standbilder für einige Minuten so zu halten. Verstärken Sie die Intensität der Haltung, und vor allem, achten Sie darauf, was Sie dabei spüren. Danach tauschen Sie sich mit Ihren Partner über Ihre gemachten Erfahrungen aus.

Entwickeln Sie zum Schluß ein Bild, das Ihrer momentanen Stimmung mit Ihrem Partner entspricht. Und tauschen auch hier wieder Ihre gemachten Erfahrungen aus. Vielleicht können Sie auch ein wenig mit verschiedenen Standbildern experimentieren.

24. Hilfe, wir haben keinen Sex mehr!

Die Gestaltung der Sexualität hat seit der Entdeckung sicherer Kontrazeptiva einen menschheitsgeschichtlich fundamentalen Wandel erfahren. Gab es bis zur Erfindung der „Pille“ bei jedem Geschlechtsverkehr die Möglichkeit der Fortpflanzung, so verwandelte sich mit deren Erfindung die Sexualität in eine freie, eine „soziale Sexualität“. Ein Bild von Sexualität als Ausdrucksform menschlicher Kommunikation rückte in den Vordergrund. Hatte sich bis dahin die sexuelle Lust miteinander insbesondere durch Schwangerschaft bzw. Vermeiden von Schwangerschaft reguliert, wurde sie plötzlich zu einem „Gut per se“ in einer Partnerschaft.

Da viele Menschen in der Gestaltung dieses Wertes völlig unerfahren sind, orientieren sie sich an Aufklärungsfilmen und Literatur. Dabei besteht die Gefahr, daß Menschen sich mit Phantasiemodellen von dem Mann, der immer kann, und der hoch erotischen, geilen Frau in Video und Werbung messen. Und da sie bei den Vorgaben solcher Männer und Frauen nicht mithalten können, verschwindet für viele die Lust, der Appetit am Sex. Ein weiterer Lusthemmer ist die Koppelung von Sexualität und Orgasmus. Durch diese Verbindung ist Sexualität unbemerkt zu einem „Leistungssport“ verkommen. Die Seele wehrt sich gegen diesen Leistungsdruck mit Erektionsschwäche, Lustlosigkeit, sexueller Gefühlsarmut und Ängsten.

Schließlich besteht die Gefahr, daß Sexualität zu einem einforderbaren Konsumgut in einer Partnerschaft degradiert wird bzw. lautlos schwindet.

Zusammenfassung

Der Wandel der Sexualität weg von einer insbesondere an der Fortpflanzung orientierten hin zu einer „sozialen“ Kommunikationsform löst bei vielen Menschen große Unsicherheit aus. Suchen sie Orientierung in den Modellen der Sex- und Pornoindustrie und messen sich mit diesen, kann dies zu einer Verdunstung sexueller Lust führen.

Übung

Kopieren Sie sich folgende Aussagen. Danach kreuzen Sie diese nach dem Muster *trifft zu – trifft nicht zu* an.

Tauschen Sie sich mit Ihren Partner über die Aussagen aus und kommen so miteinander über Sexualität ins Gespräch.

- Sex und Liebe sind nicht voneinander zu trennen.
- Nur wenn der Alltag harmonisch läuft, ist es auch möglich, sich sexuell zu begegnen.
- Bei meinen Eltern konnte ich erleben, daß Sexualität für sie ein wichtige Begegnung im Alltag war.
- Sex ohne Liebe ist nur eine halbe Sache.
- Wenn das Drumherum nicht stimmt, werde ich nicht sexuell erregt.
- Es ist nicht gut für eine Beziehung, wenn eine Frau schon mit mehreren Männern geschlafen hat.
- Es ist wichtig, seine sexuellen Gefühle unter Kontrolle zu halten.
- Es ist besser, vor der Ehe keine sexuellen Kontakte zu haben.
- Erotische Bilder oder Filme anschauen erregt nur unnötig.
- In der Sexualität sollten Frauen die führende Rolle haben.
- Wenn man Lust hat, sollte man für eine schnelle Befriedigung sorgen.
- Es ist nicht gut, wenn allzu viel sexuelle Freizügigkeit in der Gesellschaft herrscht.
- Es ist wichtig, daß sich Partner ihre körperlichen Bedürfnisse gegenseitig voll und ganz erfüllen.
- Es ist wichtig, sich gegenseitig zu sagen, was man beim Geschlechtsverkehr mag und was nicht.
- Es ist gut, wenn beide das gleiche Maß an sexuellen Wünschen haben.
- Männer sind bei der körperlichen Liebe eigensüchtiger als Frauen.
- Die religiöse Erziehung ist häufig hinderlich für eine erfüllende Sexualität.
- Gerade bei der Sexualität gibt es in einer Beziehung die häufigsten Mißverständnisse.
- In der Sexualität versteht man sich so, da braucht man nicht noch drüber zu reden.
- Für eine glückliche Ehe spielen Zärtlichkeit und Sexualität die größte Rolle.

Übung

Lassen Sie sich angemessen Zeit (mindestens eine Stunde) und gehen der Frage nach, wie und wo habe ich gesehen und gelernt, wie Sexualität zu gestalten ist? Welche Modelle, Leitbilder trage ich bewußt oder noch vorbewußt in mir? Schreiben Sie Ihre Gedanken auf!

Das Aufschreiben ist deshalb so wichtig, weil Sie damit beginnen, eine eigene, nur für Sie stimmige Theorie Ihrer einmaligen sexuellen Entwicklung zu formulieren.

Verabreden Sie sich mit Ihrem Partner, wann Sie sich über Ihre Theorien austauschen möchten.

Übung für eine Gruppe

Bilder von Sexualität

Sammeln Sie Bilder, die für Sie irgend etwas mit dem Thema Sexualität zu tun haben. Lösen Sie sich von gängigen Klischees und bringen etwa Bilder aus der Natur, surrealistische oder das Bild einer alten Kaffeekanne mit. Breiten Sie alle Ihre Bilder auf dem Boden aus, die Gruppe sitzt im Kreis, und suchen sich sodann zwei Bilder aus. Auf einem schildern Sie Ihr augenblickliches sexuelles Erleben in Ihrer Ehe, auf dem anderen Ihr Ziel, da möchte ich mit dir hin.

Sollte Ihnen diese Aufgabe im Moment noch nicht angemessen sein, könnten Sie auch die Bilder unter dem Aspekt: „Das ist für mich Sexualität" aussuchen und in der Gruppe vorstellen. Beide Bildinterpretationen sind natürlich auch eine Übung für zu Hause, allein mit Ihrem Partner.

25. Sexualität – ein Lernprozeß sozialer Kommunikation

Grundsätzlich läßt sich feststellen, daß Einstellungen zur Sexualität und zu ihrer Gestaltung, wie auch andere menschliche Haltungen und Fähigkeiten, im Laufe des Lebens erworben werden. Menschen unterliegen einem „lebenslangen Lernprozeß" und entwickeln ihre Persönlichkeit in der Lebensspanne.

So beginnt auch der sexuelle Lern- und Entwicklungsprozeß schon lange vor der Pubertät. Und der Mensch kann im Laufe seines Lebens immer neue Fähigkeiten für eine befriedigende Gestaltung der Sexualität dazugewinnen. Die meisten Menschen suchen die sexuelle Erfüllung in einer auf Dauer angelegten Partnerschaft oder Ehe, wissen oft aber nicht, daß sie, nach einer Zeit des Verliebtseins und einer sexuellen „Hoch-Zeit", für die Erfüllung ihrer sexuellen Lust auch „kämpfen" müssen. Dieses „Kämpfen" kann verschiedene Gesichter haben. Zum einen gilt es, sich ein Wissen um das Funktionieren des eigenen Körpers und den des Partners zu erwerben, um realistische Vorstellungen von den gegenseitigen sexuellen Interessen und Möglichkeiten zu entwickeln; zum anderen ist es wichtig, die eigene (sexuelle) Identität, das was sich jemand als „Mann sein" und als „Frau sein" vorstellt, auf gegenseitige Kompatibilität hin zu überprüfen. Das Überprüfen gilt auch den inneren Leitbildern, um sich etwa vor Überforderung durch eine sexualisierte Werbung und Filmindustrie zu schützen.

Die wenigsten Partner klagen ausschließlich über sexuelle Funktionsstörungen, wie etwa Orgasmus- oder Erektionsstörungen, und sind ansonsten mit ihrem Miteinander zufrieden. Das bestätigen empirische Untersuchungen, die mit einem sehr hohen Grad der Korrelation einen Zusammenhang belegen zwischen der Zufriedenheit mit der Gestaltung der Sexualität und der Zufriedenheit in der Partnerschaft, und umgekehrt.

Mit großen Schwierigkeiten verbunden scheint vielen das Sprechen über und das Benennen des sexuellen Miteinanders und seiner Probleme. Mann und Frau berühren sich, sie erleben ihre Lust, sie haben Wünsche, Sehnsüchte – sind aber wie gelähmt, wenn sie darüber miteinander sprechen wollen oder in der Therapie es zum Thema machen wollen. Dadurch reiht sich ein Mißverständnis an das andere, mit der Folge, daß manche Paare kaum noch in der Lage sind, ihre Sexualität einigermaßen befriedigend miteinander zu gestalten.

Etikettierende Worte aus der Sexualmedizin wie „Anorgasmie", „Impotenz", „Frigidität" bergen in sich die Gefahr der leeren Worthülsen. Aus einem lebendigen Prozeß zwischen zwei Menschen wird ein „Ding", ein „Gegenstand", oftmals etwas „Pathologisches". Aber eine Sexualstörung sollte nie losgelöst von der Person und von dem Zusammenhang, in dem sie auftritt, gesehen werden. Deshalb wird in der Integrativen Paartherapie auch nicht von der „sexuellen Funktionsstörung **eines** Menschen" gesprochen, sondern immer vom „gestörten Sexualverhalten **zweier** Personen". Und diese Störung will als ein Phänomen in seinem Sinn (!), in seinem Ausdruck verstanden werden.

Betrachtet man die Gestaltung der Sexualität als einen Lernprozeß, so gilt es auch zu definieren, was denn gelernt werden soll. In aller Vorläufigkeit wird die Entwicklung einer „sozialen Sexualität" als ein persönlicher Reifungs- und Wachstumsprozeß mit folgenden Zielen verstanden:

- die Partner sollen befähigt werden, sich über ihr sexuelles Erleben, ihre Vorstellungen und Wünsche miteinander auszutauschen;
- die Verengung der Gestaltung von Sexualität ausschließlich auf die Geschlechtsorgane soll zugunsten eines Einbezuges des gesamten Körpers, mit Leib und Seele, geweitet werden;
- die Überbetonung des Orgasmus, das Reden von einem „Vor- und Nachspiel", soll sich entwickeln zu einer gleichberechtigten Vielfalt des sexuellen und des sinnlichen Miteinanders;
- durch thymopraktische Übungen (wird später erläutert) sollen die Partner lernen, ihr Affektspektrum und dessen Ausdruck zu erweitern;
- die Partner sollen befähigt werden, die Gestaltung ihrer Sexualität als das je eigene und einmalige **ihrer** Kommunikation zu begreifen und die Verantwortung dafür zu übernehmen.

Zusammenfassung

Die Gestaltung der Sexualität wird wie jedes menschliche Verhalten in einem lebensbegleitenden Lernprozeß gesteuert. Sexuelle Störungen sollten nicht auf die einzelne Person hin betrachtet werden, sondern immer in dem Kontext, in dem sie auftreten. Es gilt, sich von einem orgasmusfixierten Verständnis von Sexualität hin zu einer Fülle sinnlichen und sexuellen Miteinanders zu öffnen, das als eine Begegnung von Geist, Körper und Seele verstanden wird.

Übung

Erinnern Sie sich möglichst genau an Ihre letzte sexuelle Begegnung mit Ihrem Partner. Versuchen Sie einmal, möglichst genau zu beschreiben – bitte schriftlich – was Sie dabei genau getan und erlebt haben. Beschreiben Sie auch, wie Ihr Partner darauf reagiert hat und was das wiederum bei Ihnen ausgelöst hat. Sodann schreiben Sie auf, was genau Ihr Partner getan hat, und wie Sie reagiert haben.

Tauschen Sie sich miteinander über Ihre Erinnerungen aus – im Bewußtsein, daß jeder eine ihm eigene und ganz andere Erfahrung dabei gemacht hat.

Übung für eine Gruppe

Nach einigen gymnastischen Lockerungsübungen gehen alle Teilnehmer frei im Raum umher. Dann sucht sich jeder einen Partner, egal ob Frau oder Mann, aber nicht den eigenen Partner.

Die beiden Partner stellen sich Rücken an Rücken und kommunizieren so ohne Worte. Jeder spürt bei dieser Übung, wie der andere sich anfühlt. Jeder nimmt seine Empfindungen wahr, die die Berührung auslöst:

- Was ist möglich? Wie weit kann ich mich einlassen?
- Was erlebe ich? Erlebe ich etwas Schönes, Entspannendes oder etwas Fremdes, vielleicht etwas Bedrohliches?

Die Übung endet damit, daß man sich ohne Worte, Rücken an Rücken verabschiedet und dann frei im Raum umhergeht, die Begegnung noch nachwirken läßt, sich dann innerlich vom Partner löst und wieder bei sich ankommt. Nach einigem Umhergehen wird die Übung mit einem anderen Partner, immer noch nicht mit dem eigenen Partner, wiederholt. Nachdem sich die Partner wieder mit ihrem Rücken voneinander verabschiedet haben, wird die Übung mit dem eigenen Partner durchgeführt.

Während des Alleingehens am Ende der dritten Begegnung werden folgende Fragen reflektiert:

- Welche Unterschiede habe ich in den Begegnungen erlebt?
- Was war identisch?
- Wie geht es mir jetzt?

Anschließend erfolgt in der Gruppe ein Austausch über diese Erfahrungen.

Anmerkung:

Ziel dieser Übung ist es, zu erleben, daß das gleiche Tun bei anderen Partnern Unterschiedliches oder Gleiches auslösen kann. So konnte z.B. eine Frau die Erfahrung machen, daß sie mit fremden Männern sich sehr wohl auf einen angenehmen erotischen Rückenkontakt einlassen und diesen genießen konnte. Sie war also nicht „frigid oder gefühlskalt". Diese Erfahrung war wichtig für sie, denn sie wollte auch mit ihrem Mann, wie früher einmal, Sexualität genießen. So konnten beide sich mit therapeutischer Unterstützung auf die Suche machen, was genau im Miteinander „klemmte", daß sie augenblicklich ihre Sexualität nicht zusammen genießen konnten.

26. Ich fühle nichts mehr – Sexualität und Emotionen

Gestörtes Sexualverhalten als Schwierigkeit in der zwischenmenschlichen Interaktion ist wesentlich auch emotionsbestimmt. Denn psychische, psychosomatische und soziale Erkrankungen und Störungen sind immer auch gekoppelt mit negativen Gefühlen und Schwierigkeiten in der Handhabung von Emotionen. Deshalb hat in bezug auf Emotionen das Ermöglichen, Ermuntern, Erlauben, Beeinflussen und damit das bewußte Lernen des Umgangs mit ihnen in der Sexualtherapie große Bedeutung.

Emotionen orientieren das Individuum und seine Umgebung über seinen inneren Zustand. Dieser ist Folge äußerer Situationen – z.B. der Stimmung des Ehepartners – oder innerer Ereignisse – z.B. des Aufkommens sexueller Lust. Emotionen haben also eine informative und eine kommunikative Funktion. Diese hat für Tier und Mensch lebenssichernde Qualität. Wichtiger als der evolutionsbiologische Aspekt ist allerdings der soziokulturelle Kontext der Emotionen, denn sie werden kulturspezifisch moduliert und sie entwickeln und verändern sich über das gesamte Leben hin.

Deutlich wurde dies z.B. an der ablehnenden und hochemotionsgeladenen Haltung der öffentlichen Meinung zu Fragen des vorehelichen Geschlechtsverkehrs in den 50er und 60er Jahren sowie an dem folgenden Wandel in den 70er Jahren bis hin zu einer eher freundlich-wohlwollenden Einstellung gegenüber dem jugendlichen Sexualverhalten in den 90er Jahren dieses Jahrhunderts.

Insbesondere bei der Therapie von gestörtem Sexualverhalten zweier Menschen zeigt sich, daß Emotionen ihrem Wesen nach immer auf eine Beziehung ausgerichtet sind. Sie verbinden und sie trennen, sie ziehen an und sie grenzen ab. In der Integrativen Paartherapie wird zur Erklärung des Emotionskonzeptes der aus der Antike stammende griechische Begriff „thymos“ gewählt. Damit soll eine den ganzen Menschen ergreifende affektive Leibprägung ausgedrückt werden. Gerade in der Gestaltung der Sexualität wird deutlich, daß es sich dabei um ein körperliches, seelisches und geistiges Geschehen handelt. Deshalb muß insbesondere in der Sexualtherapie der ganze Mensch mit Körper, Geist und Seele einbezogen werden, und eine rein verbale Psychotherapie wird zur „Thymopraktik" erweitert.

Da Ideen über sich selbst (Selbstbilder und Schemata) nicht ausschließlich von Gedanken bestimmt werden, wie man in älteren Selbstkonzepten vermutete, sondern wesentlich auch von Emotionen, gilt es, an der Veränderung pathogener Emotionen, die ein Gestalten der Sexualität behindern, zu arbeiten. Dieses geschieht insbesondere durch einen übungs- und erlebniszentrierten Umgang mit Emotionen.

Für die Sexualtherapie sind dabei die Arbeit mit der Stimme, dem Atem und mit Ausdrucksbewegungen von Bedeutung. Dabei wird davon ausgegangen, daß das bloße Einnehmen von Positionen, das Vollziehen von Bewegungen, das „Einsteigen" in diese Muster selbst die entsprechenden Gefühle und Stimmungslagen aufkommen lassen. Dieser Ansatz gehört z.B. in der Ausbildung von Schauspielern zum Repertoire.

Am vorteilhaftesten vollzieht sich diese Arbeit und Entwicklung des „Thymos", die Thymopraktik, im Rahmen einer therapeutischen Gruppe. Hier ist es besonders gut möglich, Emotionen spielerisch, wie Schauspieler, zu lernen, da in der Gruppe der Effekt der wechselseitigen Ansteckung eine große Stütze bildet. Dabei kann man sich und seinen Leib als Instrument erfahren, der sich einstimmen, aufklingen, abklingen, umstimmen, verstimmen läßt. Durch dieses Training kann man zu einer immer bewußteren und stimmigeren Selbststeuerung im Gefühl, in der Stimmungslage und im Ausdrucksverhalten gelangen.

Dieses Üben ist wie ein Spiel zu verstehen, in welchem ja auch Kinder zu leben lernen. Bei aller Intensität bleibt jedoch immer ein Rest eines beobachtenden, exzentrischen Ichs vorhanden. Dieses drückt sich etwa in Gedanken aus wie: *„Nein, zu was ich alles fähig bin"*, oder: *„Welch ein Schweinskram"*, aber auch in nicht mehr steuerbarem Kichern und Lachen. Aber diese Verbindung zwischen Selbstbeobachten und emotionalem Vollzug hat ein hohes veränderungswirksames, d.h. therapeutisches Potential.

Um zu einer emotionalen Differenzierung zu gelangen, werden die Erfahrungen mit den Emotionen nach dem Spiel in der Gruppe reflektiert. In dieser Meta-Kommunikation über die Emotionen werden Gefühle nuanciert benannt, über die eigene „Bewertung" wird gesprochen. Dabei werden auch vergangene Emotionsereignisse einbezogen. So lernen die Partner, klärungsorientiert sich und ihr sexuelles Miteinander zu verstehen. Bewältigungsorientiert lernen sie, „Thymos" zu entwickeln und im Miteinander zu integrieren. Durch das systematische Üben und die

Metareflexion von Emotionen verlieren diese immer mehr ihren Charakter als „Schicksal“ oder „Widerfahrnis“ (etwa im Sinne von Gedanken wie „Ich glaub, ich bin völlig gefühlskalt!“), wenn auch solche Bewertungen nie ganz verloren gehen, und zwar deshalb, weil sie ja zum Verhaltensrepertoire desjenigen Menschen gehören und weil dieses Verhalten einmal großen Sinn machte und als eine Art von Kompetenz betrachtet werden kann (siehe auch Kapitel 9).

Die Metareflexion fördert und steuert ferner die Handhabung des affektiven Lebens. So könnte sie z.B. bewirken, daß ein Mann nach 13 Jahren Ehe – jeden Tag versicherte sich das Paar seiner Liebe und freute sich über sein gemeinsames Glück zu zweit und mit seinen Kindern – nicht „Hals über Kopf“ die gemeinsame Wohnung verläßt, nur weil er sich in eine andere Frau „aus heiterem Himmel“ verliebt hat. Dann ist es statt dessen möglich, dieses Gefühl wahrzunehmen, es vielleicht sogar zu genießen, aber auch den Verstand einzusetzen, der einem sagt, daß „Verliebtsein“ höchst vergänglich ist und daß eine 13jährige glückliche Ehe und Verantwortung Kindern gegenüber auch etwas sehr Schönes und Wertvolles sind.

Zusammenfassung

Hilfen in dem Lernprozeß zu einer befriedigenden und für beide angemessenen Form der Sexualität dürfen nicht rein verbal bleiben. In der Gestaltung der Sexualität wird das Zusammenspiel zwischen Geist, Körper und Seele besonders prägnant. Deshalb gilt es Übungs- und damit Entwicklungsmöglichkeiten für die Einheit von Geist, Körper und Seele aufzuzeigen.

Übung

Beginnen Sie damit, durch gymnastische Übungen sich aufzuwärmen, vielleicht tanzen Sie auch nach einer Lieblingsmusik (ca.15 Minuten).

Dann legen Sie sich auf eine gut gepolsterte Matratze oder Turnmatte und machen folgende Übungen. Einer von beiden Partnern sollte für den anderen sehr langsam und schrittweise die einzelnen Teile ansagen:

1. In der Rückenlage werden die Füße aufgestellt.
2. Durch den geöffneten Mund wird tief ein- und ausgeatmet (Bauch hebt und senkt sich).
3. Mit dem Ausatmen wird versucht, Töne aus dem Bauch kommen zu lassen (ca. drei Minuten).

4. Dann wird das Becken mit dem Einatmen angehoben und mit dem Ausatmen auf die Matratze fallengelassen, dabei gilt es auszuprobieren, nach und nach schneller, lauter und wilder zu werden. Nach zwei bis drei Minuten werden Sie wieder langsamer und durch den geöffneten Mund wird weiter geatmet. Alle Geräusche, die die Stimme machen will, werden dabei zugelassen.
5. Anschließend ruhen Sie sich aus, dabei legen Ihre Hände auf beide Hüftknochen, so daß Sie mit den Fingerspitzen nach innen zeigen. Beim Ausatmen drücken Sie sanft zu.
6. Sie machen jetzt die Schritte 1-5 ein zweites Mal.

Um bei der Sexualität den ganzen Körper zu beteiligen, ist es hilfreich, durch die bewußte Steuerung des Atems die Erregung in den ganzen Körper zu lenken. Stellen Sie sich deshalb einmal vor, daß Sie durch Ihre Geschlechtsteile einatmen können und den Atem in den Körper weiterleiten. Anschließend versuchen Sie, beim Ausatmen wieder durch Scheide und Penis den Atem nach außen zu leiten.

7. Stellen Sie sich vor, daß Sie durch Ihre Genitalien einatmen und den Atemstrom bis zum Scheitel lenken und im Körper verteilen.
8. Anschließend atmen Sie durch Ihre Genitalien wieder aus.
   Jetzt (nach ca. fünf Minuten) lassen Sie den Atem einfach nur noch fließen, dabei
9. formen Sie während des Atmens die Lippen zu einem „O“.
10. Beim Einatmen nehmen Sie die Hände parallel zum Körper in die Höhe und bei der Atempause halten Sie kurz an.
11. Hände beim Ausatmen wieder senken und neben den Körper legen.

Anschließend wechseln Sie mit Ihrem Partner und geben Ihrerseits die Anweisungen. Danach tauschen Sie Ihre Erfahrungen zu dem, was Sie dabei erlebt haben, aus.

27. Mein Leib – ist schön!

Sexualität leben und erleben Menschen durch ihr gesamtes Leibwesen. Es hat sie bis jetzt begleitet, alle Erinnerungen gespeichert. Viele Menschen sind sich dessen gar nicht bewußt. Sie behandeln ihren Körper nicht gut, schädigen ihn mit einem Übermaß an Giften, wie Alkohol und Nikotin. Manche gönnen ihm nicht genug Schlaf, bewegen sich zu wenig oder stopfen sich mit Essen voll. Die Liste der Wohlstandssünden kennt jeder und auch die jährlichen Neujahrsvorsätze, die nicht in die Tat umgesetzt werden.

Es liegt auf der Hand, daß, wenn ein Mensch seinen Körper nicht pflegt und nicht gut behandelt, er ihn auch kaum als Zentrum seiner sexuellen Lust erleben kann. Dadurch hat er auch wenig Zugang zu der leiblichen Schönheit und Einmaligkeit seines Partners.

Eine Möglichkeit, ein Gegengewicht zu setzen, ist die Aussage, sich und seinen Leib „schön" zu finden, bzw. sich auf Entdeckungsreise zu begeben, um sich selbst immer mehr zu mögen. Manchmal ist es hilfreich, mit einzelnen Körperteilen, wie z.B. der linken Hand oder den Schulterblättern, zu beginnen und diese immer mehr zu lieben. Die Entdeckungsreise, die bei einzelnen Teilen anfängt, wird sich dann immer mehr ausbreiten, und dieser Mensch wird sich besser in seinem Körper fühlen und ihn auch besser behandeln. Andere werden die veränderte Ausstrahlung wahrnehmen.

So wird es immer mehr möglich, den eigenen Leib als Ausgangspunkt für sinnlich lustvolle Sexualität zu erleben. Dieses akzeptierende und wohlwollende Selbstbetrachten ermöglicht auch einen wohlwollenden, liebevollen Blick auf den Partner. Er stärkt außerdem das eigene sichere Identitätserleben.

Zusammenfassung

Die Wertschätzung des eigenen Leibes und seine Pflege sind Voraussetzung für eine ganzheitliche Wertschätzung des Partners. Daraus eröffnen sich Möglichkeiten intensiver leiblicher Begegnungen im Paar.

Es geht mir gut
Ich kann es für mich
immer noch nicht ganz fassen,
daß ich so fühle,
wie ich fühle.
Es kommt aus meinem tiefsten
Inneren -
riesige Lasten von meinen Schultern genommen,
schwere Ketten um mich herum zersprungen.
Ich bin befreit -
endlich frei!
Es ist wie ein
Jubelschrei.

Übung

Legen Sie sich bequem auf die Erde und entspannen Sie sich (siehe Kapitel 7). Halten Sie die Augen geschlossen und stellen Sie sich vor, daß Sie vor einem Spiegel stehen. Es ist ein sehr großer Spiegel, so daß Sie sich darin ganz sehen können, von Kopf bis Fuß. Stellen Sie sich auch vor, daß Sie ganz nackt sind, während Sie sich betrachten. Manche Menschen mögen sich gar nicht gerne nackt betrachten, andere sehr gerne. Wie war Ihr erster Impuls, als Sie sich gesehen haben, fanden Sie sich eher schön oder eher häßlich?

Ich möchte Sie jetzt einladen, auch wenn es Ihnen vielleicht sehr schwer fällt, sich einmal ganz liebevoll und wohlwollend im Spiegel zu betrachten. Sich selbst und Ihren Körper zu entdecken. Fangen Sie bei Ihren Füßen an, betrachten Sie auch Ihre Zehen, die Fersen, ... (Die Betrachtung weiterführen bis zu den Haaren – Rückseite des Körpers nicht vergessen!)

Jetzt benennen Sie für sich mindestens drei Teile Ihres Körpers, die Ihnen besonders gut gefallen.

Dann legen Sie Ihre Hände darauf, befühlen sie und streicheln diese Teile.

Wiederholen Sie diese Übung; manchmal reicht dafür auch mitten am Tag eine kleine Weile, etwa beim Blick in einen tatsächlichen Spiegel. Wiederholen Sie die Übungen immer wieder über einen längeren Zeitraum und nehmen wahr, was mit Ihnen dadurch geschieht. Tauschen Sie Ihre Erfahrungen mit Ihrem Partner aus.

28. Ich bin Mann, aber ich bin auch Frau

Stellen Sie sich einmal vor, daß Sie nicht nur eine Frau sind, sondern daß auch männliche Anteile in Ihnen leben, und wenn Sie ein Mann sind, weibliche. Dieses Konzept entspricht nicht einer wissenschaftlich nachprüfbaren „Wirklichkeit“, aber es hilft, das Leben miteinander besser zu verstehen und zu gestalten. Bekannt ist diese Idee, wenn z.B. von dem „mütterlichen“ Vater oder der Frau, „die die Hosen anhat“, gesprochen wird.

Der Psychologe *Carl Gustav Jung* sah es als Aufgabe eines jeden Menschen an, in seinem Leben zur vollen Reife und Identität zu gelangen und dabei auch diesen gegengeschlechtlichen Anteil auszubilden. In der Paartherapie ist dieser Gedanke sehr hilfreich. Er ermöglicht, daß Partner sich von tradierten Rollenmustern lösen können und nur ihren Fähigkeiten entsprechend die Aufgaben im Haushalt, mit den Kindern oder bei der Vertretung der Familie nach außen wahrnehmen können. Für die Gestaltung des sexuellen Miteinanders bedeutet das, daß auch hier nur das gilt, was jeder will und kann. Das Gegenteil drückt sich etwa darin aus, wenn bei manchen Menschen immer noch Gedanken im Kopf spuken wie: *„Männer wollen nur das eine und stürzen sich wie wilde Tiere auf Frauen“*, oder: *„Frauen dürfen ihre Lust nicht zeigen.“*

Zur Überwindung von Rollenklischees, aber auch, um sich in die Lage des anderen empathisch einzufühlen, sich vorzustellen, wie dieser im Moment handeln würde, ist es hilfreich, sich in den andern als Mann oder als Frau hineinzuversetzen. Damit wird die Fähigkeit geschult, die Reaktionen des Partners abschätzen zu können, als Voraussetzung für stabile (sexuelle) Interaktionen.

Schlüssellösung
Festgekettet war ich
in meiner Lebensform.
Habe endlich den passenden Schlüssel
für das Schloß gefunden.
Und schaue die Welt
mit anderen Augen an.

Zusammenfassung

Die Idee, daß in jedem Mann weibliche Anteile und umgekehrt in jeder Frau männliche Anteile leben, kann helfen, Rollenklischees zu überwinden und Aufgaben in einer Partnerschaft nach Fähigkeiten und Lust zu verteilen. Gleichzeitig verhilft ein „in die Haut des anderen Schlüpfen" zu mehr Verständnis füreinander.

Übung

Mein innerer Mann – meine innere Frau

Sorgen Sie zunächst dafür, daß Sie einen Arbeitsplatz mit einem Klumpen Ton haben und eine Gelegenheit, entspannt zu liegen. Wenn Sie sich entspannt haben, liest Ihnen Ihr Partner folgenden Text ganz langsam und mit viel Zeit zwischen den Abschitten vor:

Schließ jetzt deine Augen und laß sie während der ganzen Reise geschlossen. Atme ein paar Mal tief und gleichmäßig durch. Leg dich ganz bequem hin. Stell dir vor, wie du bei den nächsten zehn Atemzügen mit jedem Einatmen langsam immer tiefer nach innen sinkst. Laß Gedanken, die auftauchen, einfach wie Wolken am Himmel vorüberziehen, halte sie nicht fest und schick sie auch nicht fort, konzentriere dich einfach weiter auf deinen Atem – er geht sanft und regelmäßig. Du bist ganz entspannt und innerlich wach.

Und langsam, langsam, in deiner eigenen Zeit, stellst du dir vor, auf einer grünen Wiese zu sein, und du bist jetzt allein. Ein Weg durchläuft diese Wiese. Schau dir deine Umgebung einen Augenblick lang an und dann betritt den Weg und gehe ein Stück auf ihm.

Und aus der Entfernung siehst du nun eine Gestalt langsam auf dich zukommen. Am Körperumriß und der Art der Kleidung erkennst du, daß es ein Mann/eine Frau (jeweils das andere Geschlecht des Partners) ist, der oder die näher kommt. Und je näher, die Person dir kommt, desto vertrauter wird sie dir. Sie kommt näher und näher und du weißt, es ist dein innerer Mann/deine innere Frau. Und je näher er oder sie dir kommt, desto deutlicher spürst du, wie dein Körper sich verändert. Du sinkst noch tiefer in dich hinein und hast ein Gefühl, als würdest du langsam und behutsam in seine oder ihre Haut schlüpfen. Das, was dir an ihm oder ihr vertraut ist, beginnt nun, dich von innen her auszufüllen. Du verwandelst dich und auch dein Körper verändert sich. Du wirst immer mehr zu diesem Mann oder zu dieser Frau. Laß diese Veränderung geschehen und spüre wie deine Haut, deine Haare sich anfühlen. Und spüre, wie dein ganzer Körper, wie alle Körperteile sich langsam verwandeln: dein Gesicht, deine Brust, deine Arme, deine Hände, deine Beine, deine Genitalien ...

Und nun spüre auch deine Körperhaltung, laß dich langsam immer mehr die Körperhaltung deines inneren Mannes/Frau einnehmen. Wie hält er/sie sich? Wie ist die Haltung seines/ihres Nackens, seiner Schultern, seiner Brust, seines Beckens, seiner Hände, Arme und Beine? Laß dich immer mehr in die Körperhaltung hineingehen. Und spüre auch die Bewegungen, die Impulse deines inneren Mannes/Frau. Folge diesen Bewegungen und Impulsen und stell dir vor, wie du dich bewegen würdest.

Und dann spüre deinen Atem – den Atem des inneren Mannes/Frau. Wie ist sein Atem – ist er stark oder schwach? Laß dich diesen Atem spüren und ihn etwas stärker werden. Spüre die lebendige Kraft deines Atems als innerer Mann/Frau.

Und dann schau, welche Stimme dein innerer Mann, deine innere Frau hat. Wie drückt seine/ihre Stimme sich aus? In Lauten, Tönen, Worten, Gesang? Vielleicht kannst du ihn/sie hören?

Und dann spüre auch seine/ihre Hände. Wie fühlen sie sich an? Was wollen sie tun? Was tun sie gerade?

Und wie fühlst du dich? Bist du traurig oder glücklich? Fühlst du dich stark oder schwach? Und was sagt dein Herz? Laß dich die Gefühle deines inneren Mannes/deiner inneren Frau spüren. Laß alles zu, ohne etwas zurückzuhalten. Und erlaube dir, deine Gefühle und Empfindungen mit Bewegungen deines Körpers und mit deiner Stimme dir vorzustellen.

Und wie alt fühlst du dich? Bist du jung oder alt?

Und dann schau dir auch langsam deine Umgebung an. Wie sieht sie aus? Wo bist du gerade? Vielleicht bist du auch in einer anderen Zeit, in einem anderen

Land. Wie fühlst du dich in dieser Umgebung? Erlaube dir, dir alles genau anzuschauen, alle Bilder, die in dir auftauchen. Und erlaube dir auch, es dir vorzustellen, wie du alles mit deinem Körper und deiner Stimme ausdrückst, ganz so, wie du es willst.

Und jetzt spüre deine Genitalien – du bist ein Mann/eine Frau. Fühle ihn/sie – fühle auch die Haare auf der Brust oder deine Brüste. Wie spürst du deine Sexualität? Bist du alleine oder ist noch jemand anwesend? Stelle dir vor, wie du eine Frau/einen Mann liebst! Welche Bewegungen macht dein Körper? Vielleicht tauchen neue Bilder auf. In welcher Umgebung befindest du dich? Bist du im Freien oder in einem Zimmer? Beobachte genau, was geschieht, ohne zu bewerten.

Und dann – löst du dich allmählich von den Bildern, Personen und Gefühlen. Schau dich noch einmal genau um. Du siehst vor dir einen Weg, der dir vertraut vorkommt, einen Weg, den du schon einmal gegangen bist. Du folgst diesem Weg wieder ein kurzes Stück. Und du siehst, wie aus der Ferne langsam eine Gestalt auf dich zukommt. Eine Person, die du sehr gut kennst – es ist eine Frau/ein Mann. Je näher sie kommt, desto deutlicher spürst du, wie vertraut dir ihre/sein Ausstrahlung ist. Du erkennst immer deutlicher und du weißt plötzlich, daß du selbst diese Frau/dieser Mann bist. Gibt es irgend etwas, was du ihr oder ihm sagen möchtest? Vielleicht etwas, was du brauchst, wonach du dich sehnst – was immer es sein mag.

Ihr kommt euch näher und näher, ihr begrüßt euch und nehmt euch in die Arme, und du weißt, daß du dich in sie oder ihn zurückverwandeln wirst. Und wieder spürst du, wie dein Körper sich langsam zu verwandeln beginnt. Du wirst wieder du selbst. Deine Brüste wachsen, deine Haare verändern sich, und ganz allmählich kehrst du in deinen eigenen Körper zurück.

Und wenn du dich jetzt wieder umschaust, siehst du, daß du auf einer grünen Wiese stehst. Du kennst diese Wiese – es ist die Wiese, auf der du deine Reise begonnen hast. Komme von dort aus langsam wieder in diesen Raum zu mir zurück. Atme ein paar Mal tief durch und räkele dich. Spüre die Unterlage, auf der du liegst. Schließ deine Hände zu Fäusten und öffne sie wieder. Und dann nimm das Stück Ton vor dir in die Hände.

Versuche jetzt mit geschlossenen Augen, einen Ausdruck der inneren Bilder als Frau oder als Mann in Ton zu modellieren.

Ist das Modellieren beendet, machen Sie eine kleine Pause, in der Sie den Raum verlassen. Dann kehren Sie wieder zu Ihrer Plastik zurück. Schauen Sie sich diese wohlwollend von allen Seiten an, und schreiben Sie danach auf, was Ihnen dazu einfällt. Vielleicht geben Sie ihr einen Titel oder schreiben auch ein Gedicht dazu auf.

Hat auch Ihr Partner diese Übung gemacht, stellen Sie sich gegenseitig Ihre Plastiken und die Texte vor.

29. Meine Visionen von Sexualität

Nachdem einige Grundvoraussetzungen für die Gestaltung der Sexualität in einem Paar benannt wurden, wie etwa das Wissen um das Funktionieren des eigenen Körpers und den des Partners, oder die Idee von den gegengeschlechtlichen Anteilen in jedem Menschen, soll jetzt der Frage nachgegangen werden, wie der einzelne Zugänge zu seinen Träumen und Vision bekommen kann.

Wenn in der Integrativen Paartherapie die Entstehungsgeschichte innerer Leitbilder (z.B.: „*Männer wollen immer nur das eine!*“) erarbeitet worden ist, dann sind Menschen auch leichter in der Lage, alte Bilder zu verabschieden, sie vielleicht auch zu betrauern und sich danach eigene, für ihre Partnerschaft und die Gestaltung ihrer Sexualität zutreffende Leitbilder, zu imaginieren. Denn erst durch die Kenntnis und das Setzen eigener Ziele und Werte sind Menschen in der Lage, ihr Verhalten selbst zu regulieren. Eine fehlende Zielperspektive führt zu reduzierter Aufmerksamkeit, ähnlich wie das Tragen von Scheuklappen bei Pferden.

Es gilt allerdings auch zu fragen, welche Effekte sich aus den neuen und bewußteren Zielen und Werten ergeben, denn keiner der Partner wird ernsthaft irgendwelche Änderungsversuche unternehmen, solange er sich nicht die Auswirkungen vorstellen kann. So mag ein Partner von dem Wunsch nach einem „erfüllten gemeinsamen Sexualleben“ Abschied nehmen, weil die notwendigerweise damit verbundenen Aufwendungen, z.B. weniger zu essen, körperliche Bewegung und Fitneß, mit zuviel Mühen und Änderungen des Lebensstils verbunden sind. Ist dies für ihn geklärt, dann wird auch die Diskrepanz des Ist-Soll-Zustandes „befriedigendes Sexualleben“ verringert, weil kein Wunsch nach Veränderung mehr vorhanden ist; einer der Partner hat den Schluß gezogen, daß er dafür einen zu hohen Preis zahlen müsse. Somit verliert das als Problem des im Miteinander definierten Verhaltens an problematischem Charakter. Eventuell gewinnt es aber auch an Prägnanz, weil der andere Partner für sich klären muß, ob er auch auf ein „befriedigendes Sexualleben“ verzichten will, wie er nach Möglichkeiten der Kompensation, eventuell auch außerhalb seiner Ehe suchen kann.

Da insbesondere positive Erwartungen für den Therapieerfolg bedeutsam sind, sollte beim Setzen von Zielen und Werten an bereits vom jeweiligen Paar erlebten positiven Erfahrungen angeknüpft und diese für den Therapieerfolg (daß dieses Paar es [wieder] lernt, partnerschaftlich zusammenzuleben), genutzt werden. Durch die Konzentration der Aufmerksamkeit auf positive Zielperspektiven kann bei den Partnern auch eine Reduktion von Demoralisierung und Resignation („*Das mit der Therapie hat doch sowieso keinen Zweck!*“) bewirkt werden. Denn dadurch wird eine Therapiemotivation erreicht, die wie ein Sog in eine positive Richtung (anziehend) wirkt: „*So würde ich gerne mit dir den Urlaub verbringen*“, statt einer negativen, aus Leidensdruck kommenden Richtung (abstoßend): „*Immer muß ich mich deinen Vorstellungen hinsichtlich des Urlaubsortes unterwerfen.*“

Hilfreich ist auch eine Unterscheidung zwischen Werten, Zielen und Utopien:

- Werte sind persönliche, kognitive Präferenzen, die in sich noch keinen Verbindlichkeitscharakter enthalten und im Alltag zu belanglosen, unverbindlichen Absichtserklärungen verkommen können, wie: „*Wir sollten auch viel häufiger etwas zusammen unternehmen.*“
- Ziele dagegen sind einfache bis hochkomplexe Vorstellungen von zukünftigen Endzuständen, die zwar im Moment **noch** nicht realisiert werden, aber für das Paar erstrebenswert sind. Für sie gilt der verpflichtende Charakter der Zielerreichung: „*Wir werden uns i.d.R. jeden Donnerstagabend von 20-21.30 Uhr Zeit für einen Spaziergang nehmen.*“
- Utopien sind Ideen und Wünsche, die evtl. denkbar oder emotional wünschenswert, manchmal ganz unrealistisch sind, die aber wegen mangelnder Verhaltenskompetenz, gravierender Hindernisse oder schon in sich nicht erreichbar sind: „*Ich will dafür sorgen, daß du nie allein bist.*“

Eine bewußte Beschäftigung mit den Zielen für eine Partnerschaft, für die Gestaltung der Sexualität und damit Planung des eigenen Lebens ist für viele Paare ganz neu und unbekannt. Ein Heranführen an eine bewußte Ziel-/Wertklärung ist deshalb so elementar, weil sie auf zentrale Änderungsprozesse vorbereitet. Sie bewirkt, daß die Partner lernen, ihre momentane Situation in Relation zu ihren Zielen, Wünschen und Wertvorstellungen zu sehen. Diese Blickweise steuert die Aufmerksamkeit auf Verhaltensweisen, Gefühle, Kognitionen, Ereignisse und Situationen, die für die angestrebten Veränderungen von Bedeutung sind.

Ferner bewirkt allein schon die Tatsache, daß jemand Zeit, Mühe und Kraft auf die Klärung und Festlegung von Zielen verwendet, eine Attraktivität dieser Ziele und läßt sie weit leichter erreichbar erscheinen, als wenn sie nur allgemein umschrieben würden.

So entspannt die obige Vereinbarung: „*Wir werden jeden Donnerstagabend von 20-21.30 Uhr spazieren gehen*“ beobachtbar die Atmosphäre bei den Partnern. Im Gegensatz dazu werden Äußerungen wie: „*Ich will mich ganz bestimmt bessern*“ mit: „*Das versprichst du jedesmal*“ zurückgewiesen. In Anlehnung an die „Realitätstherapie“ könnte man sagen, Menschen sind weitgehend das, was sie tun, und wenn sie ändern möchten, was sie sind, müssen sie damit beginnen, dasjenige zu ändern, was sie tun.

Lust

Ich spüre sie mit jeder Faser meines Körpers.
Genieße sie in all ihren Nuancen.
Mal ist es eine Berührung,
mal ein Kuß,
mal nur ein Wort,
die sie entfacht.

Zusammenfassung

Die bewußte Auseinandersetzung mit Zielen und Werten in der Gestaltung der Sexualität, aber auch überhaupt im Miteinander einer Partnerschaft, hat eine hohe Motivationskraft für notwendige Änderungen.

Übung

Nehmen Sie sich für die folgende Übung ausreichen Ruhe und Zeit. Suchen Sie sich einen Raum, in dem Sie ungestört alleine oder mit Ihrem Partner sein können. Stimmen Sie sich dann zunächst ein, indem Sie die Übungen aus Kapitel 26 machen.

Jeder liegt auf einer bequemen Unterlage, hält die Augen geschlossen, und sinkt durch einige tiefe Atemzüge immer mehr nach innen. Dann legt jeder eine

Hand auf das Herz, fühlt es und nimmt Kontakt damit auf. Dann stellt er sich vor, daß er sich mit seinem Herzen unterhalten kann. Nach einer gewissen Zeit wird die andere Hand auf das Geschlecht gelegt. Sodann wird wieder mit dem Geschlecht Kontakt aufgenommen, indem es gefühlt wird und man sich vorstellt, daß man sich damit unterhalten kann. Wieder nach einer kurzen Zeit stellt man sich vor, daß Herz und Geschlecht sich miteinander unterhalten und sich zusammen ausmalen, wie eine lebendige Sexualität, die Seele und Körper zum Ausdruck bringen, aussehen mag.

Aus diesem Dialog heraus entwickelt dann jeder in seiner Phantasie eine Vision der eigenen Sexualität. Dabei ist es wichtig, mit sich behutsam umzugehen und sich von der Sehnsucht des Herzens leiten zu lassen. Ferner soll diese Vision möglichst plastisch und genau vor dem inneren Auge entstehen.

Anschließend drücken Sie in einem Bild, einer Collage, einem Gedicht oder einer Kurzgeschichte Ihre Vision von der Gestaltung Ihrer einmaligen Sexualität aus.

Tauschen Sie sich mit Ihrem Partner aus, indem Sie die Ergebnisse sich gegenseitig vorstellen.

Machen Sie diese Übung in einer Gruppe, so bilden Sie einen Männer- und einen Frauenkreis. Durch Los wird entschieden, welche Gruppe (Männer/Frauen) beginnt. Dann setzt sich eine Gruppe in die Mitte des Raumes und hat ca. eineinhalb Stunden Zeit, sich Bilder und Phantasien aus der Visualisierung zur Gestaltung der eigenen Sexualität zu erzählen. Der Therapeut mit dem jeweiligen gleichen Geschlecht ist als Gesprächsleiter mit dabei. Die andere Gruppe hört im Außenkreis zu.

Nach einer Pause findet dann ein Gruppenwechsel statt. Zum Schluß der Übung unterhalten sich Männer und Frauen gemeinsam, wie sie jeweils das andere Geschlecht erlebt haben.

30. Wir reden aneinander vorbei

Sicherlich kennen Sie auch Szenen miteinander, in denen Sie den Eindruck gewinnen: *„Mein Partner versteht mich nicht. Irgendwie scheinen wir beide einander fremde Sprachen zu sprechen.“* Sie sagen etwas, und Ihre Nachricht löst bei ihrem Partner ungeahnte Reaktionen aus. Er hat etwas verstanden, was Sie so nie haben sagen wollen. Sie entschuldigen sich für Ihre Aussage, versuchen, diese richtigzustellen, trotzdem können Sie bei ihrem Partner auch mit Ihrer Korrektur nicht landen.

Hintergrund dieser Mißverständnisse in der verbalen Kommunikation sind in der Regel Übertragungen. Fließen Übertragungen in eine Beziehung ein, dann reagiert der Partner unangemessen auf die Situation. Er erinnert sich an längst vergangene Szenen und verhält sich so, wie er damals reagiert hat. Solche Probleme werden im Rahmen der klärungsorientierten therapeutischen Arbeit gelöst, bei der es darum geht zu verstehen, warum der Partner sich im Moment **so** und nicht anders verhält (siehe auch Kapitel 9).

Nach der klärungsorientierten Arbeit geht es darum zu lernen, wodurch ein gutes Gespräch sich auszeichnet und welche Verhaltensweisen hilfreich bei der Führung eines Gespräches sind.

Angenommen, ein Partner sagt: *„Man sollte sich auch mehr um die Kinder kümmern!“* Was wird eine solche Aussage beim anderen auslösen? Vielleicht bekommt dieser ein schlechtes Gewissen und fragt sich: *„Habe ich mich vielleicht nicht richtig um die Kinder gesorgt?“* Oder er fängt an, sich zu verteidigen. Eventuell geht er zum Angriff über und beschimpft den anderen mit Worten wie: *„Du kümmerst dich ja nie um die Kinder!“* Man kann sich ausmalen, wie dieses Gespräch fortgesetzt wird. Jeder bleibt bei einem unangenehmen und unerfreulichen, aber gewohnten Kommunikationsmuster in einer nahen Beziehung, und die Atmosphäre ist vergiftet.

Intensive Untersuchungen über das Gesprächsverhalten zweier Menschen haben einige Qualitäten herausgearbeitet, die zum Gelingen einer so engen Beziehung wie der Ehe wesentlich beitragen können. Eine der wichtigsten Größen für das subjektiv empfundene Glück in einer Ehe – so sagen zumindestens die Erkenntnisse der neueren Ehe- und Partnerschaftsforschung – ist die Art und Weise, wie die Partner miteinander sprechen, wie sie dem anderen zuhören.

Schaut man noch einmal auf das Gesprächsverhalten im obigen Beispiel, könnte man fragen: „*Wer ist denn mit »man« überhaupt gemeint?*" In der Antwort fällt das Wort „du" auf; mit diesem Du-Satz etikettiert man den anderen, das heißt, in einem Bild ausgedrückt, ihm wird ein Schild mit einer Aussage über ihn um den Hals gehängt. Die natürliche Reaktion auf einen solchen Vorwurf ist in der Regel eine Verteidigung. Ferner sagt das Wort „nie" etwas ganz pauschal Allgemeines aus; dahinter steckt ein generalisierter Vorwurf.

Im folgenden werden einige Qualitäten aufgezeigt, die für das Gelingen einer Kommunikation hilfreich sind.

Qualitäten der Sprecherrolle

Ich-Gebrauch

Hier spricht ein Mensch über sich selbst, seine eigenen Gefühle und Gedanken, er gebraucht häufig das Wort „ich". Dadurch bekommen alle seine Aussagen eine persönliche Färbung. Äußerungen in der Du-Form sind dagegen oftmals Vorwürfe oder Anklagen, zumindestens Aussagen über einen anderen, die als Auslöser für eine Rechtfertigung oder sogar einen Gegenangriff genutzt werden.

Konkretes Verhalten in konkreten Situation ansprechen

Unser Leben und Verhalten besteht immer aus ganz konkreten Situationen und Abläufen. Deshalb ist es wichtig, in Gesprächen auch ganz konkrete Erfahrungen zu benennen. Außerdem wird ein Gespräch dadurch viel anschaulicher und interessanter. Das bedeutet, daß Verallgemeinerungen und Bewertungen „immer, nie, typisch" nach Möglichkeit vermieden werden. Denn in einem Konfliktgespräch rufen diese meist sofortigen Widerspruch des Partners hervor, außerdem lenken sie vom eigentlichen Inhalt einer konkreten Situation völlig ab.

Ferner gilt es zu beachten, daß wenn jemand ganz konkretes Verhalten in einer bestimmten Situation anspricht, er dies durch seine Brille, d.h. mit seinen Gedanken und Bewertungen im Hinterkopf betrachtet und interpretiert. Das bedeutet, daß ein Außenstehender das gleiche Verhalten vielleicht ganz anders interpretieren würde. Deshalb ist es auch wichtig, Paartherapie im Rahmen einer Gruppe zu machen, weil hier immer eine Vielzahl von Außenstehenden anwesend ist, die das Verhalten beobachten und wahrnehmen. Durch ihre Rückmeldungen können sie zur Klärung verfahrener Situationen beitragen.

Beim Thema bleiben

Konfliktgespräche, besonders wenn die Beziehungsebene zwischen den Partnern gestört ist, neigen dazu auszuufern. Es ist wichtig, nur auf solche Inhalte einzugehen, die für das gewählte Thema von Belang sind.

Sich öffnen

Für das Gegenüber ist es wichtig zu wissen, was in dem, der gerade spricht, vorgeht. Auch wenn man Schwierigkeiten hat, das immer selbst zu spüren, kann es atmosphärisch sehr wichtig sein, auch ein Nichtfühlen mitzuteilen. Wenn man Gefühle und Bedürfnisse direkt äußert, lassen sich Anklagen und Vorwürfe vermeiden. So kann auch ein weiterer häufiger Fehler eines Sprechers vermieden werden. Dieser besteht darin, die Reaktionen des Partners vorwegzunehmen, indem man etwa sagt: „*Ich würde ja gerne mit dir ins Bett gehen, aber du hast ja doch nie Lust.*“ Damit sichert sich der Sprecher schon im voraus gegen eine mögliche Reaktion des Zuhörers ab und legt ihn bereits fest. (Was würde passieren, wenn er wirklich wollte?)

Qualitäten der Zuhörerrolle

Zugewandt zuhören

Dabei wird dem Sprecher nonverbal (nicht-sprachlich) mit der Gestik des ganzen Körpers, mit dem Blickkontakt vermittelt, daß der Zuhörer ihm zugewandt ist und Interesse an seinen Äußerungen hat. Dies kann z.B. durch unterstützende Gesten, wie Nicken oder kurze Einwürfe, wie „ah“, ja“, „ha“ „na so was“ geschehen.

Zusammenfassen

Um den kommunikativen Prozeß zu fördern, ist es hilfreich, wesentliche Äußerungen des Sprechers möglichst in eigenen Worten wiederzugeben. Damit wird deutlich gemacht, das Anliegen des anderen verstanden zu haben. Fällt dies schwer, so ist es sinnvoll, die Äußerungen des Partners wörtlich zu wiederholen.

Offene Fragen

Wenn man nicht sicher ist, den Partner richtig verstanden zu haben, muß man offen nachfragen, was genau gemeint ist.

Rückmeldungen des ausgelösten Gefühls

Jede Äußerung löst beim Zuhörer etwas aus. Für den Sprecher ist es enorm wichtig, davon zu wissen. Solche Rückäußerungen sollen in Ich-Form geschehen, also: „*Ich freue mich darüber, daß du mir das so offen sagst*", oder: „*Ich bin von deinen Worten so schockiert, daß ich gar nicht weiß, wie ich darauf reagieren soll.*"

Entschuldigung

Es tut mir leid
um all die unausgesprochenen Worte,
die Du so oft verdient,
die ich Dir aber nicht geben konnte
und Du bestimmt vermißt.

Komplimente

Wieviel schöne Worte hast Du mir schon gesagt!
Sind sie nach zwanzig Jahren denn wirklich nichts mehr wert?
Doch.
Glaube mir, jedes deiner Worte hab ich
in mir bewahrt!

Zusammenfassung

Sind die Quellen und Hintergründe der Schwierigkeiten bei einem Paar weitgehend geklärt, dann ist es sehr hilfreich, Qualitäten für ein gelingendes Gespräch zu trainieren. Sie zeichnen sich insbesondere durch eine ich-bezogene Redeweise und eine Öffnung für den anderen aus.

Übung

Setzen Sie sich mit Ihrem Partner Rücken an Rücken hin. Einer von Ihnen hat eine Postkarte mit einem Landschaftsbild oder einem anderen realistischen Bild. Dann versucht derjenige, der das Bild hat, dem anderen zu beschreiben, was genau er sieht. Der andere darf nachfragen. Wenn das Bild ausführlich beschrieben ist, darf der Zuhörer es sehen und mit dem inneren Bild vergleichen, das in ihm entstanden ist.

Wenn Sie **in einer Gruppe** sind, können Sie unter Beobachtung der anderen Teilnehmer mit Hilfe der oben aufgeführten Qualitäten in kleinen Untergruppen Gespräche führen und sie so trainieren. Hilfreich ist dabei, wenn Sie sich die angegebenen Qualitäten auf einen eigenen Zettel schreiben und neben sich legen. Sie sollten zunächst mit fremden Partnern üben, bevor Sie diese Übungen zur sprachlichen Kommunikation mit Ihrem eigenen Partner machen.

31. Statt eines Schlußwortes: Anregungen zur Förderung des Zusammenlebens in Partnerschaft

Wenn ein Paar sich seinen Problemen stellt und eine Ahnung davon bekommen hat, welche Arten von Schwierigkeiten, welche alten Ratschläge oder Ermahnungen, welche alten Vorbilder, welche schädlichen Eheleitbilder seine Beziehung und seine Liebe belasten, dann werden immer weniger die alten Probleme durch Übertragung in der jetzigen Liebesbeziehung ausagiert. Als Folge ist eine große Bereitschaft zu beobachten, neue partnerschaftliche Fähigkeiten zu erlernen, die das Wachstum des einzelnen und das Wachstum als Paar fördern. Hierbei handelt es sich um ein seelisches Wachstum, verbunden mit psychischer Gesundheit und einem positiven Selbstkonzept, das als natürliches Streben des Individuums betrachtet wird. Ja, man kann als Paartherapeut beobachten, daß positive Ziele im Miteinander eine starke Anziehung für beide bekommen. Es gilt also nicht mehr so sehr die Blickrichtung dahin, was vermieden werden muß, sondern die innere Kraft richtet sich auf das, was erreicht werden kann. So sind Menschen miteinander in der Lage, alte Wunden zu heilen und vernarben zu lassen, sie sind fähig zu wechselseitiger Hilfeleistung und zum Gestalten von heilenden Beziehungen, von „sensitive caregiving“.

Zum Ende dieser Hilfe zur Selbsthilfe sollen vierzehn für eine Partnerschaft förderliche menschliche Qualitäten im Miteinander genannt werden. Auch sie gelten „bis auf weiteres“, d.h., bis bessere gefunden und benannt sind.

Wenn man diese Qualitäten als Orientierung im Miteinander nimmt, führen sie zu einer Förderung des persönlichen und partnerschaftlichen Wachsens.

Einfühlendes Verstehen

Hierbei handelt es sich um Mitgefühl, Empathie und Wertschätzung. Jeder fühlt sich in seinem „So-sein“, in seiner Existenz vom anderen verstanden. Dieses Erleben von stimmiger Empathie fördert beim einzelnen auch das Verständnis für sich selbst. In Langzeitforschungen über das Gelingen und Mißlingen von Paarbeziehungen kamen die Forscher zu dem Schluß, daß es besonders wichtig ist, Gefühle des Partners zu verstehen und sie als legitim zu betrachten, auch wenn man sie selber nicht teilt.

Übung

Es gibt immer wieder Situationen, in denen Sie eine andere Position als Ihr Partner vertreten. Vielleicht löst dies auch bei Ihnen die unterschiedlichsten Gefühle aus. Wechseln Sie doch einmal den Stuhl, auf dem Sie im Moment sitzen. Auf dem neuen Stuhl schlüpfen Sie in die Rolle Ihres Partners. Dann versuchen Sie einmal, auch die Körperhaltung, den Ausdruck Ihres Partners anzunehmen. Dann versetzen Sie sich in die Gefühle und den Standpunkt des Partners. Beginnen Sie, sich in seine Lage hineinzudenken und seine Gefühle sozusagen von innen heraus zu verstehen.

Trainieren Sie sich in dieser Fähigkeit!

Sie können diese Übung zunächst für sich alleine machen. Holen Sie aber zu einem späteren Zeitpunkt, etwa nach einigen Tagen, Ihren Partner hinzu. Nehmen Sie wechselseitig die Position des anderen ein und tauschen sich über Ihre Konflikte aus. Begrenzen Sie ganz bewußt (etwa 15 Minuten) dieses Gespräch. Dann steigen Sie aus der Übung aus und nehmen sich Zeit, Ihre Erfahrungen damit aufzuschreiben, um sie dann mit Ihrem Partner auszutauschen. Wenn Sie mögen, probieren Sie es erneut, die Position des anderen zu vertreten.

Emotionale Annahme und Stütze

Den Partner zu ermutigen, ihm Trost zu spenden, ihn zu akzeptieren, ihn, wenn nötig, auch einmal aufzufangen, sich ihm positiv zuzuwenden – machen diese Fähigkeit aus. Und der Partner wird gefördert, damit er positiv von sich selbst denkt und an seine eigenen Fähigkeiten glaubt. Dadurch wachsen seine Selbstsicherheit, Selbstakzeptanz und sein Selbstvertrauen.

Natürlich sind diese Qualitäten mit den im vorhergehenden Abschnitt genannten eng verbunden, denn nur aus dem einfühlenden Verstehen erwachsen emotionale Annahme und Stütze.

Allerdings ist hier für Paare eine Falle verborgen, dann nämlich, wenn solche „Stütze“ den Partner „dumm, klein und abhängig“ hält, wenn sie mißbräuchlich dazu benutzt wird, eigene Schwäche zu kaschieren und sich selbst auf ein Podest zu stellen. Umgekehrt erwartet einer alle „Stütze" vom Partner, um sich selbst weiterhin regressiv verhalten zu können. Liegen solche Fallen vor, gilt es, sie im diagnostischen Prozeß aufzudecken, damit „Fehlempathierungen" nicht immer wieder belastende oder verletzende Situationen aus der Vergangenheit des einzelnen bzw. des Paares reinszenieren.

Übung

Stimmen Sie sich auf folgende Übung evtl. mit passender Musik durch stampfende Bewegungen (wie etwa im afrikanischen Tanz) ein. Dieses Stampfen hat eine stabilisierende Wirkung und „erdet".

Danach hat jeder Partner im Wechsel eine halbe Stunde Zeit für sich, und zwar für ein *„inneres Kind"*, um das der andere Partner sich liebevoll kümmern soll. Der Partner soll gebeten werden, dieses zu verwöhnen, mit ihm zu sprechen oder zu schweigen, es zu streicheln oder nicht, oder ihm ein Märchen zu erzählen ... so, wie der Bittende es möchte. Dabei ist es auch möglich, daß innerhalb dieser Zeit die Bedürfnisse verschiedener innerer Kinder aktuell werden, die dann nacheinander befriedigt werden wollen.

Für diese Übung sind zur Strukturierung zwingend notwendig:

- ein genauer Zeitplan – halbe Stunde;
- feste Regeln: die Art der gewünschten Verwöhnung genau zu beschreiben und den Partner um die Erfüllung zu bitten;
- der Dank an den Verwöhner zum Ende seines Dienstes. Dieser „Dienst" ist nicht selbstverständlich und nicht einklagbar, sondern hat den Charakter eines erbetenen Geschenkes.

Danach erfolgt eine kurze Pause, in der sich jeder wieder auf sich selbst besinnen und seine gerade gemachten Erfahrungen in der jeweiligen Rolle reflektieren kann. Danach ist Rollenwechsel.

Am Ende der Übung werden die Erfahrungen miteinander ausgetauscht.

Hilfen geben bei der realitätsgerechten praktischen Lebensbewältigung

Jeder kennt die kleinen und großen Sorgen des Alltags: Welches Kleid ziehe ich an? Was schenken wir Oma zum Geburtstag? Wie organisieren wir die Kinderbetreuung, wenn ...? So klein diese Probleme für Außenstehende zu sein scheinen, können sie doch für den einzelnen sehr belastend sein, wenn er vor einem vollen

Kleiderschrank steht und nach einer Stunde immer noch nicht weiß, was er zum Besuch der Mutter anziehen soll. Gerade hier kann der Partner auf sehr unkomplizierte Weise durch einen Rat, eine persönliche Meinung oder durch ein mutmachendes Wort zur praktischen Lebenshilfe werden. Dadurch können zum Beispiel endlose Entscheidungsprozesse radikal verkürzt und der Blick für die Realität verstärkt werden.

So hat eine Partnerschaft auch die Aufgabe, einander Hilfestellungen zu geben, damit jeder von beiden sein Leben in seiner konkreten Umwelt, mit all ihren Anforderungen und Belastungen, realisieren kann.

Übung

Nehmen Sie in Anwesenheit Ihres Partners eine ganz hilflose Position ein. Lassen Sie sich dabei so lange Zeit, bis Sie dieses Gefühl „hilflos zu sein" spüren. Dann benennen Sie alles, was Sie brauchen, wonach Sie sich sehnen.

Wenn Sie mit dem Äußern Ihrer Wünsche fertig sind, verlassen Sie ganz bewußt wieder diese Rolle, indem Sie sich z.B. eine Zeit lang intensiv bewegen oder mit den Füßen aufstampfen.

Dann erinnern Sie noch einmal mit Ihrem Partner, worum Sie um Hilfe baten, und schreiben diese Wünsche auf. Anschließend sortieren Sie die Wünsche nach folgendem Raster:

- Kann ich eigentlich mir selber erfüllen.
- Utopie, unerfüllbar.
- Darum möchte ich dich, meinen Partner, bitten.

Wenn Sie intensiv und lange für sich darüber nachgedacht haben, teilen Sie Ihrem Partner Ihre Ergebnisse mit.

An einem anderen Tag wechseln Sie dann die Rollen der Übung.

Emotionale Ausdrucksfähigkeit

Emotionen sind Reaktionen auf Situationen, Personen, Erlebnisse. Sie zeigen dem einzelnen und dem Partner, wie es um einen selbst gerade bestellt ist. Vielfach haben Menschen keinen Zugang zu ihren Emotionen. Zwar kann der Partner am Ausdruck des anderen ablesen, daß etwas „nicht in Ordnung" ist, er weiß aber nicht, in welche Richtung die Emotion zielt. Der bewußte Zugang zu den eigenen Gefühlen ging vielleicht schon in der Kindheit verloren, als es aufgrund der persönlichen Entwicklungsgeschichte nicht angebracht war, Gefühle zu spüren und zu zeigen.

Z.B. war es für einen Menschen, der von seinem Vater geprügelt wurde, überlebenswichtig, die Schläge des Vaters, das eigene Ausgeliefertsein und seine Wut darüber nicht zu spüren. Dieses Anästhesieren der Gefühle, das Sich-selbst-Gefühllosmachen führt auch zu einem Nichtfühlen positiver Emotionen, wie Freude, Glück etc.

In der Therapie lernt der einzelne, wieder Kontakt mit seinen Emotionen aufzunehmen und diese auszudrücken. Dabei kommt es oft zu einer Überschwemmung mit Emotionen und damit zu einer Katharsis. Hier ist es wichtig, daß die Gefühle in der Therapie in die richtige Richtung gelenkt werden, etwa im psychodramatischen Rollenspiel gegen den Vater, damit der Klient seine Emotionen nicht nur auszudrücken, sondern auch die Richtung, in die sie gewendet werden, zu unterscheiden lernt. Bekommt der einzelne wieder Zugang zu seinen Gefühlen und lernt deren Ausdruck, Richtung und Unterscheidung, so bedeutet dies für die Partnerschaft, daß es beide lernen und damit beginnen, sich gegenseitig ihre Emotionen, positive und negative, mitzuteilen.

Wenn Emotionsäußerungen aufgrund der Sozialisation eines oder beider gar nicht gelernt wurden, etwa der Ausdruck von Wut und Zorn oder auch nur der Klang einer lauten Stimme, dann werden sie in der Therapie durch Körperübungen (Thymopraktik) trainiert und damit dem Verhaltensrepertoire der Partner zugefügt.

Übung

Stellen Sie sich einmal vor, daß Sie Schauspielschüler sind. Sie bewegen sich im Raum und im Wechsel mit Ihrem Partner (oder in der Gruppe) nennen Sie Gefühle: *„traurig, lustig, geil, lüstern erregt, verzweifelt, ärgerlich ...“* Jetzt versuchen Sie, dieses Gefühl möglichst übertrieben durch Ihre Körperhaltung, Ihre Bewegung und Ihre Stimme zum Ausdruck zu bringen.

Auch diese Übung sollten Sie häufiger machen. Sie können auch alleine Emotionen trainieren, aber zu zweit macht es mehr Spaß – am meisten aber in einer Gruppe.

Offenheit für Einsicht, Sinnerleben und Evidenzerfahrungen

Viele Paare leiden daran, daß sie sich ja eigentlich lieben und bis zum Tod zusammenbleiben wollten, aber nun kognitiv nicht verstehen, warum dies nicht gelingt, obwohl sie sich beide doch „so viel Mühe“ geben. Wenn sie im therapeutischen Prozeß immer mehr Einsicht in Verdrängtes bekommen, wird ihnen klar, warum sie als Paar an diesen Punkt, der scheinbar ein Ende ihrer Beziehung bedeutete, kommen mußten. Sie lernen, ihre Krise im Sinne der Chaos-Theorie einzuordnen, die ja besagt, daß nach jeder Struktur, Ordnung, Sicherheit das „Chaos" kommen muß, damit beide sich eine neue passendere Struktur, Ordnung und damit eine komplexere Sicherheit gestalten (Kapitel 14).

Diese „Einsichten" sind aber nicht nur kognitiv zu verstehen. Denn die Theorie über das bisherige je eigene Leben und das als Paar, also das Verstehen des Sinnes, warum sie als Paar an diesen Punkt gekommen sind, wird auch gefühlshaft erlebt. Durch das Erkennen der Zusammenhänge und Hintergründe, der Ursachen und Wirkungen – wenn es sich klärt, welche Schwächen, aber auch welche Stärken sie auszeichnen, oder wenn aufgrund der Lebensgeschichte deutlich wird, warum der andere im Moment so und nicht anders handelt – wenn dieser „Groschen endlich gefallen ist", ist das eine Evidenzerfahrung.

Eine solche pragmatische Theorienbildung, eine Sinnvergewisserung, eine Plausibilität, die sich auf die Lebenswirklichkeit des Paares, sein Handeln und auf das Handeln des einzelnen in diesem Paar bezieht, ist Voraussetzung dafür, neue angemessenere Verhaltensweisen im Miteinander zu erlernen.

Übung

Wenn Sie sich bereits länger im therapeutischen Prozeß befinden, dann blicken Sie doch einmal zurück auf den Anfang, zu den Fragen und Problemen, die Sie in die Beratung geführt haben. Vergleichen Sie Ihren Stand von damals und von jetzt miteinander. Versuchen Sie, genau zu beschreiben, was Sie über sich selbst und Ihr Gestalten von nahen Beziehungen erfahren haben. Beschreiben Sie, wo genau der Sinn, bzw. die Kompetenz (Kapitel 9) Ihres problematischen Verhaltens lag. Und was haben Sie dazu gelernt, wie genau versuchen Sie, jetzt mit den damaligen Problemen umzugehen?

Lassen Sie sich Zeit, Ihre Erfolge Ihrem Partner mitzuteilen, und vergessen Sie nicht, sie sich immer wieder bewußt zu machen, sich daran zu freuen und sie gebührend zu feiern.

Kommunikative Kompetenz und Beziehungsfähigkeit

Viele Partner leiden darunter, daß sie nicht in der Lage sind, Gefühle, Wünsche und Meinungen klar, direkt und situationsbezogen auszutauschen. Sie haben z.B. nicht gelernt, „ich" statt „man" oder „wir" zu sagen oder eine konkrete Befindlichkeit angemessen mitzuteilen. So drücken sie eine persönliche Situation mit den Worten aus: *„Man findet hier auch niemals seine Ruhe“*, statt zu sagen: *„Ich bin von der Arbeit völlig kaputt und brauche dringend Erholung und Ruhe.“*

Hier geht es darum, das Gesprächsverhalten der Partner zu fokussieren, sie erleben zu lassen, wie es sich (für beide Partner!) anhört und anfühlt, „ich“ zu sagen. Oder sie werden gebeten, im Sinne des „kontrollierten Dialoges“ zunächst den Inhalt dessen, was der Partner gesagt hat, zu wiederholen, bevor schon die eigene Antwort kommt.

Erst an fortgeschrittener Stelle des Therapieverlaufes ist es, je nach Bedarf, sinnvoll, Elemente aus Kommunikationstrainings (Kapitel 30) einzusetzen, da es zunächst gilt, den Sinn des „Chaos im Paar“ zu entschlüsseln, bevor mit „Kommunikationsregeln“ versucht wird, das Chaos an seinen Symptomen zu verändern.

Übung

Vielleicht haben Sie schon intensiv die Regeln für die Sprecher- und Zuhörerrolle miteinander trainiert? Versuchen Sie doch einmal für sich, ohne Ihrem Partner dies zu verraten, im Alltag für eine begrenzte Zeit, bewußt im gemeinsamen Gespräch diese Regeln anzuwenden. Dann erspüren Sie einmal, was für einen Einfluß dieses Verhalten auf die gemeinsame Atmosphäre hat. Probieren Sie es auch mit fremden Menschen, die nichts von den Regeln wissen.

Leibliche Bewußtheit, Selbstregulation und psychophysische Entspannung

Das Spüren der Befindlichkeit des eigenen Leibes, seiner Bedürfnisse, seiner Regungen und Empfindungen wird geschult, damit der Ratsuchende lernt, das, was seinem Leib gut tut, auch zu tun. D.h. konkret: Wenn jemand eigentlich zu müde ist, sich abends noch mit seinem Partner zu unterhalten, sollte er das auch wahrnehmen, und im Sinne einer Selbstregulation des Organismus dafür sorgen, daß sein Körper Schlaf bekommt. Oder wenn jemand satt ist, sollte er auch tatsächlich mit dem Essen aufhören. Wichtig ist, wieder zu lernen, zwischen Spannung und Entspannung zu wechseln. Denn wenn der müde Partner sich ausgeruht hat, ist er anschließend auch in der Lage, angemessen zuzuhören.

Für Paare ist das Wahrnehmen des eigenen Leibes besonders wichtig, damit sie in der Gestaltung ihrer Sexualität immer mehr der Sprache und Ausdrucksform ihres Körpers folgen können, daß sie spüren, was sie wirklich wollen; daß sie etwa keinen Sex miteinander haben, wenn sie eigentlich „nur“ körperliche Nähe und Berührung suchen. Auf dieses Mißverständnis weisen *Masters & Johnson* (1973) in folgendem Beispiel hin:

> *„Sobald sie eine sexuelle Beziehung eingegangen sind, gebrauchen die meisten jungen Paare Berührungen meist nur noch, um einander auf wortlosem Weg die Bereitschaft, den Wunsch oder das Verlangen, miteinander zu schlafen, mitzuteilen. Berührungen sind funktional; ansonsten scheint ihr Wert begrenzt, und besonders Männer sehen sie als vergeudete Zeit und Energie an, als eine unnötige Verzögerung des Geschlechtsverkehrs.*
>
> *Interessanterweise geben viele Männer und Frauen aber zu, die Männer meist ein wenig verlegen, daß sie wirklich gern mehr nichtsexuellen Körperkontakt hätten. Die Männer fragen sich jedoch, ob ein solcher Wunsch für einen Mann überhaupt normal ist, und befürchten, ihre Partnerin zu ermutigen, sexuell aktiv zu werden. Ein Mann drückte das so aus:*
>
> *Ich glaube nicht mehr daran, daß Männer keine Berührungen brauchen. Ich weiß, daß ich gern in die Arme genommen werde, ohne Sex zu wollen. Aber ich habe Angst, daß die Frau erregt wird und mit mir schlafen will. Und wenn mir nicht danach ist, wird sie auf mich sauer oder ist zumindest enttäuscht. Ich halte es einfach nicht für richtig, ihr falsche Hoffnungen zu machen.*
>
> *Und lesen Sie nun, was die Frau, mit der dieser Mann zu jener Zeit zusammen war, zu sagen hatte:*
>
> *Ich glaube, ich bin ziemlich altmodisch, aber ich mag es einfach, berührt und in die Arme genommen zu werden. Für mich ist das viel wichtiger als Sex. Aber ich habe Angst davor, Ralf zu berühren. Er glaubt, ich will Sex, und unser Vorspiel nimmt seinen gewohnheitsmäßigen Gang... Das Problem bestand darin, daß keiner von beiden um etwas bat, zumindest nicht so, daß es für den anderen verständlich war. Sie waren beide damit beschäftigt, nicht das zu bekommen, was sie wollten, obwohl sie beide dasselbe suchten, nämlich Körperkontakt.“*

Dieses körperliche Wahrnehmen, diese Selbstregulation zwischen Spannung und Entspannung ist für Paare noch aus einem anderen Grund sehr wichtig: Partner sind dafür verantwortlich, daß sie auch körperlich attraktiv bleiben! Der körperlich unansehnliche, von Fast-Food ernährte und vom Fernsehen zugedröhnte „Fettsack“ ist nicht gerade anziehend.

Durch Körper- und Bewegungsarbeit lernen Menschen, von einem passiven in einen bewegungsaktiven Lebensstil zu kommen.

Übung

Machen Sie eine Bestandsaufnahme über Ihr wöchentliches und tägliches Bewegungsverhalten. Wie oft erreicht Ihr Pulsschlag 130? Informieren Sie sich ggf. in Fitneßstudios, Sportvereinen etc., wie Sie Ihr Leben von einem bewegungsarmen zu einem bewegten ändern können.

Offenheit für Lernprozesse

Menschliches Wachsen und Lernen ist nie abgeschlossen. Menschen sind immer im Werden begriffen und nicht auf Einseitigkeit und Vorbestimmtheit festgelegt, sondern auf Vielseitigkeit und Offenheit. Deshalb wird in der Erwachsenenbildung von lebenslangen Lernprozessen gesprochen.

Auf diesem Hintergrund geht es darum, Mut zu entwickeln, das eigene Leben unter dem Aspekt des Lernens zu sehen, denn vielen ist die Chance, daß sie sich überhaupt weiterentwickeln können, sich verändern und ihr Leben auch selbst in die Hand nehmen können, noch nicht bewußt. So sagte eine Schülerin im Rahmen der Vorbereitung auf die Schulentlassung wörtlich: „*Heiraten und dann fertig!*"

Es gilt also, bisher Gelerntes zu überprüfen, festzustellen, ob Vorstellungen über die „richtige Ehe und Partnerschaft" bisher hilfreich waren oder nicht, und dann mit intrinsischer Motivation stimmige Lösungen für die Herausforderungen, die Schwierigkeiten, die Gestaltung und letztlich das Glück in der **eigenen** Beziehung zu finden.

Solches Lernen geschieht durch konkretes Üben, dann wenn es paßt; d.h. wenn im Therapieverlauf das Thema evident wird. So ist z.B., wenn sich das Gespräch auf den Komplex: „die eigene Meinung durchzusetzen bzw. Widerstand zu leisten" zentriert, die „Ja-Nein-Übung" (Kapitel 15) möglich. In dieser Übung können die Partner konkret erfahren, welche Gefühle, Stimmungen, Atmosphären sich in ihnen aktivieren, wenn sie z.B. einen Wunsch äußern oder eine Forderung zurückweisen. Aufgrund dieser Erfahrung können sie leichter Fehlverhalten eliminieren und angemessene Verhaltensweisen einüben.

Übung

Lassen Sie sich ausreichend Zeit, um möglichst viel zu den Sätzen:

- An dir gefällt mir besonders gut ...
- An dir mag ich ...

➤ An dir liebe ich ...
aufzuschreiben.

Dann lesen Sie Ihrem Partner das vor, was Sie an ihm schätzen, was Ihn zu einem „Schatz" für Sie werden läßt. In der Auswertung der Übung fragen Sie sich einmal, wie leicht oder schwer es war, das meinem Partner zu sagen bzw. es von ihm zu hören. Was habe ich durch diese Erfahrung gelernt?

Kreative Erlebnismöglichkeiten und Gestaltungskräfte

Viele Menschen sind in ihrer Wahrnehmung ganz eingeschränkt bis hin zu einer Anästhesierung und somit in den Möglichkeiten des Erlebens, ihren Möglichkeiten, die Welt zu erfahren, beschnitten. Es geht ihnen „irgendwie" schlecht und sie sind nicht in der Lage festzustellen, daß draußen die Sonne scheint, Blumen blühen und Vögel zwitschern. Die Schönheit der Natur kann ihnen deshalb nicht zu einer heilenden Kraft werden. Genauso kann es sein, daß sie für das Schöne im Miteinander ganz verschlossen sind.

Ferner sind viele nicht in der Lage das, was sie als Paar quält, auszudrücken. In der Regel haben sie schon nächtelang mit Worten versucht, sich ihre Misere zu erklären, gewannen aber den Eindruck, sich immer wieder im Kreis zu drehen. Was fehlt, ist die Kunst, ihrer Not angemessen Ausdruck zu verleihen und sie zu verstehen.

Für tief erschütternde Erlebnisse findet sich oft leichter Ausdruck in Bewegung, Sprache, Ton, Farbe, Handlung. Dadurch, daß ein Gegenüber (der Partner, der Therapeut, die Gruppe) diesen Ausdruck versteht, entsteht menschliche Gemeinschaft. Oftmals wird das Gegenüber in den Geschichten sich selbst wiederentdecken und dadurch ganz angerührt und bewegt sein. In der konkreten Arbeit mit kreativen Medien, wie Ton und Farben oder durch Handeln im Therapeutischen Maskentheater lernen Menschen, einen völlig neuen Zugang zu ihren Schwierigkeiten, zu ihren Erlebnissen zu entdecken.

So stellte sich im Maskentheater eine Klientin als wunderschönes „Geschenkpaket" auf der Bühne dar. Als ein Mann in der Maske eines „Jünglings" ihr auf die Bühne folgte, um das Paket auszupacken, zeigte sie deutlich Widerstand. Erst durch sehr viel Einfühlungsvermögen, Schmeicheln und Sanftheit gelang es ihm, in einem für die Zuschauer spannenden Stück, das „Geschenk" langsam auszupacken. Ausgepackt erschien eine reizende Frau in goldfarbenem Gewand. Als nun der „Jüngling" begann, sich mit ihr zu bewegen und zu tanzen, verschwand sie ganz schnell von der Bühne. Zurück blieb ein „frustrierter Jüngling".

Die anschließende Auswertung geschah in zwei Abschnitten, zunächst tauschten die Mitspieler ihre Erfahrungen aus, dann durften die Zuschauer ihre Eindrücke den Spielern mitteilen. Hierbei sagte das „Geschenk“, daß sie auf die Bühne gegangen sei in der Absicht, dort einfach in der Ecke zu stehen, in der Erwartung, daß um sie herum sich irgend etwas abspielen würde. Daß nun der zweite Spieler anfing, sie auszupacken, habe sie völlig verwirrt, damit habe sie überhaupt nicht gerechnet, habe sich dann aber aufs Auspacken eingelassen. Als aber dieser anfing, mit ihr zu tanzen, sei es ihr doch sehr mulmig geworden, so daß sie die Bühne verlassen habe.

In diesem Prozeß der Symbolisierung wurde dem Paar (der Partner des „Paketes“ war auf der Zuschauerbank) in der Aufarbeitung der Szene ein wichtiger Aspekt der Schwierigkeiten ihrer 23jährigen Ehe deutlich. Minderwertigkeitsideen hinderten „das Paket“, die Frau, bisher daran, sich selbstbewußt mit seinen Ressourcen und Fähigkeiten in die Beziehung einzubringen.

Die Förderung der Kreativität dient auch dem Entdecken und Entwickeln von Möglichkeiten, dem Partner seine „Liebe zu sagen“, etwa durch Gedichte oder durch Symbole und Zeichen, die in der Natur gefunden wurden.

So schrieb eine Teilnehmerin in einem Seminar das auf S. 103 abgedruckte Gedicht.

Übung

Überlegen Sie, wie Sie Ihrem Partner Ihre Zuneigung ausdrücken können. Gehen Sie dazu nach draußen in die Natur und suchen sich irgend etwas, was Sie draußen finden. Nutzen Sie diesen Gegenstand, um mit ihm Ihre Zuneigung und Liebe zu Ihrem Partner zu symbolisieren. Vielleicht ist es Ihnen möglich, auch ein Gedicht oder einen Text dazu zu schreiben.

Ein optimistischer und positiver Blick in die Zukunft

Viele Menschen, die zur Beratung kommen, denken an Trennung oder Scheidung. Sie fühlen sich entfremdet und sehen keine Perspektiven in der Fortsetzung ihrer Beziehung. Manchmal scheint es noch eine Ahnung, ein Erinneren an eine „Hoch-Zeit“ zu geben, die die Partner motiviert, eine Paartherapie „auf sich zu nehmen“ – denn dies ist nicht nur ein angenehmes Unterfangen, weil auch aversive emotionale Zustände, die an Traumata erinnern, aktiviert werden können. Sind in der Therapie vor allem die Quellen für Übertragungsprozesse den Partnern deutlich, dann können sie oftmals an die Visionen und Träume aus der Anfangszeit ihrer Beziehung anknüpfen.

Sie lernen, von unerfüllbaren Erwartungen Abschied zu nehmen, weil sie erkannt haben, daß der Partner nicht die richtige Adresse für den Zorn gegen den wütenden Vater ist oder der Partner auch nicht die damals abwesende Mutter ersetzen kann. Statt dessen können sie den Partner wieder deutlicher als den wahrnehmen, der er ist, und das genießen, was er an Schätzen in die Beziehung mitgebracht hat. Das erschließt dem Paar eine Perspektive für eine gemeinsame Zukunft.

Übung

Stellen Sie sich einmal vor, daß ein Zauberer oder eine gute Fee alle Ihre Probleme im Miteinander beseitigt hätte. Fangen Sie nun an zu träumen, wie Sie mit Ihrem Partner diese Zeit genießen können, wie genau das Miteinander dann aussehen mag. Seien Sie dabei nicht zu bescheiden. Erzählen Sie sich anschließend einander von Ihren Perspektiven.

Ein positiver persönlicher Wertbezug

Als „politisches Lebewesen" ist der Mensch, das Paar eingebunden in eine Gemeinschaft, eine Gruppe, eine Glaubensrichtung. Da ein Paar nicht für sich alleine leben kann, gilt es, die Werte und Normen dieser Gruppen in ihrer Auswirkung auf das Leben des Paares zu überprüfen. Positive Werte, wie z.B. tätige Solidarität, Freiheit in der Lebensgestaltung, verantwortete Fruchtbarkeit gilt es, im Gespräch miteinander zum Thema zu machen.

Ein Paar sollte sich auch mit negativen gesellschaftlichen Tendenzen auseinandersetzen, sich gegebenenfalls mit anderen Menschen zusammenschließen, um für eine lebenswerte und kinderfreundliche Umwelt zu kämpfen.

Übung

Schreiben Sie auf einem Zettel alle Werte auf, die Ihnen wichtig sind. Anschließend überlegen Sie, für welche Sie sich einsetzen wollen. Dann planen Sie, wie genau das aussehen kann. Besprechen Sie Ihre Ideen mit Ihrem Partner.

Ein prägnantes Selbst- und Identitätserleben

Die Tatsache, daß viele Paare symbiotisch verbunden sind, zeigt sich zunächst in Sätzen wie: „*Wir machen alles gemeinsam*", oder: „*Du bist ein Teil von mir*", später heißt es: „*Ich kann mich nicht entfalten, weil du mich immer bremst*", oder: „*Auch wenn du nicht da bist, fühle ich mich von dir kontrolliert.*" Eine Trennung der Symbiose in Richtung auf eine klar unterscheidbare Identität jedes einzelnen wird früher oder später dringend notwendig. Oftmals lautet ein gutgemeinter zwischenmenschlicher Rat bei Paarproblemen unter Freunden: „*Ihr müßt auch einmal Kompromisse schließen!*" Aber wie soll ein Kompromiß möglich sein, wenn der einzelne nicht sagen kann, was er genau fühlt, denkt und dann will? Sich als eigenes, vom anderen getrenntes Subjekt zu fühlen und zu erleben, ist die wichtigste Voraussetzung, um als Paar zusammenleben zu können.

Dieses Selbst- und Identitätserleben wird z.B. dadurch gefördert, daß gleich zu Beginn einer Therapie darauf hingewiesen wird, daß alles, was ein jeder über sein Erleben oder über die Geschichte des Paares erzählt, „wahr" ist, auch wenn es sich um ganz verschiedene Berichte handelt. Denn es geht dabei um verschiedene Wahrnehmungen der Wirklichkeit, und die Sichtweisen jedes einzelnen, wie auch die des Therapeuten, sind, auch wenn sie jeweils ganz anders klingen, jede für sich „wahr".

Dieser Hinweis entlastet die Partner enorm und nimmt ihnen den Druck, aus symbiotischer Sehnsucht nach Harmonie zu suchen und deshalb gegen die Aussage des anderen angehen zu müssen. Statt dessen fangen sie nun an, sich mit der Sichtweise des anderen auseinanderzusetzen.

Auch bei körperzentrierten Paarübungen wird immer darauf geachtet, daß die Menschen folgenden Unterschied wahrnehmen: „*Gerade haben Sie mit Ihrem Partner diese Übung gemacht, und jetzt stehen Sie wieder allein auf Ihrem Platz. Spüren Sie den Unterschied? Wie fühlt sich das an, allein zu stehen?*"

Auch die Identität als Mann, als Frau wird auf diese Weise spürbar, ohne die Vorgabe: „*So muß ein Mann, eine Frau sein*", sondern mit der Einstellung: „*Das bin ich, als Mann, als Frau.*" Dies wird z.B. in der Gruppenarbeit im Bereich der Auseinandersetzung über die Gestaltung der Sexualität erlebt, wenn die Männer oder die Frauen in einem Innenkreis sich über ihre sexuellen Phantasien austauschen und das andere Geschlecht als stumme Zuhörer im Außenkreis anwesend ist. Die eigenen Erfahrungen über das Gespräch der Männer und der Frauen bieten in der späteren gemeinsamen Auswertung viele Anregungen für die Entwicklung der eigenen geschlechtsspezifischen Identität.

Für ein prägnantes Selbst- und Identitätserleben, gerade im geschlechtlichen Bereich, ist es für einen Mann wichtig, auch seine weiblichen Anteile und für eine Frau ihre männlichen Anteile zu entdecken. Als Aufgabe gilt für einen Mann (und für eine Frau umgekehrt), nicht nur seine „männlichen" Anteile zu leben, also etwa: Machen, Bestimmen, Fordern, sondern sich auch für seine „weiblichen" wie: Sorgen, Behüten, Schwäche zeigen, zu öffnen.

Übung

Versuchen Sie einmal, mit einer Körperbewegung, mit einem bestimmten Ausdruck, einer Geste zu sagen: *„Das bin Ich! Das kann Ich!"* Präsentieren Sie sich damit Ihrem Partner. Tauschen Sie wiederum Ihre Erfahrungen aus.

Der Wille, tragfähige soziale Netzwerke mitzugestalten

Jedes Paar bringt, bewußt oder nicht, ein ganzes Bündel von sozialen Vernetzungen mit: eigene Eltern, Kinder, Nachbarn, Freunde, Verwandte, Arbeitskollegen ... Diese Bündel sind z.T. Last, z.T. aber auch Stütze für das Paar. Hier gilt es, die verschiedenen Bündel auf ihre Relevanz zu überprüfen und zu klären, welche Rolle man als Paar in diesen Beziehungen spielt, wie man sich selbst seine Netzwerke gestaltet.

Ein Therapeut ist sich darüber im klaren, daß seine Arbeit Auswirkungen auf diese Netzwerke hat. Am deutlichsten wird das, wenn nur ein Ehepartner zur Therapie kommt. Aufgabe des Therapeuten ist es, den fehlenden Partner nicht aus dem Auge zu verlieren, insbesondere sich nicht die subjektive Sichtweise des vor ihm Sitzenden zu eigen zu machen, sondern immer wieder den Sinn des Chaos im Paar zu entschlüsseln.

Das Nichterscheinen eines Partners muß nicht nur an dessen „bösem Willen" liegen, sondern kann auch sehr geschickt durch den Anwesenden inszeniert sein. Sehr hilfreich kann sein – immer in Absprache mit dem anwesenden Partner – den Abwesenden anzurufen oder anzuschreiben und ihn zumindest zu einem Informationsgespräch einzuladen. Dies zeigt meistens Erfolg.

Der Aufbau tragfähiger sozialer Netzwerke ist eng verknüpft mit positiven Lernerfahrungen des folgenden Punktes.

Übung

Nehmen Sie sich zusammen mit Ihrem Partner viele verschiedene kleine Gegenstände. Es können auch Teile aus dem Spielzeugkasten Ihres Kindes sein. Stellen Sie mit diesen Gegenständen und Figuren ein Bild Ihres sozialen Netzes dar.

Offenheit, solidarisch zu sein und sich Solidarität schenken zu lassen

Ein Paar braucht tragfähige soziale Netzwerke, die im Hintergrund allein durch ihr Dasein Stütze für sie sind: *„Denen könnten wir unsere Kinder anvertrauen; die würden beim Umzug helfen; bei denen könnte sich einer ausweinen; mit denen feiern wir Feste ...*" Vielen Paaren, die zur Therapie kommen, fehlen solche lieben Menschen. Sie sind einsam. Menschen haben ein Grundbedürfnis, in Gruppen zu sein. Gruppen helfen ihnen bei der Abwehr existentieller Ängste.

In der therapeutischen Gruppe lernen Menschen (wieder), wie das ist, mit anderen zusammen zu sein. Sie sitzen bei den Mahlzeiten zusammen, verbringen die Freizeit gemeinsam und erleben in den Therapiesitzungen ganz konkret, wie sie auf andere Menschen angewiesen sind und daß sie einander brauchen.

Das führt dann dazu, daß sich zwei Frauen während eines 14tägigen Paarkibbuz verabreden, damit die eine der anderen zeigt, wie das geht, sich „schicke, weibliche" Kleidung zu kaufen; daß in einem anderen Kurs (abends) immer ein Paar im Wechsel für die Pause einen Abendimbiß mitbringt. Aber auch dazu: Ein zu unrecht entlassener Arbeitnehmer erzählt mit hilflosen Worten davon in der Gruppe und bezieht diese Entlassung nur auf sich – einige Gruppenmitglieder kümmern sich solidarisch um ihn (Gang zum Rechtsanwalt).

Übung

Betrachten Sie einmal das Bild, das Sie in der vorigen Übung gelegt haben. Dann gehen Sie mit Ihrem Partner einzelne Personen dieses sozialen Netzes durch. Überlegen Sie einmal, mit welchem dieser Menschen Sie solidarisch sein wollen. Wichtig ist auch, sich genau zu fragen, wie das denn aussehen kann. Fragen Sie sich auch, wessen Solidarität Sie gerne in Anspruch nehmen würden.

Zusammenfassung

Folgende Fähigkeiten sind für das Gelingen einer Partnerschaft hilfreich:

- Einfühlendes Verstehen
- Emotionale Annahme und Stütze
- Hilfen geben bei der realitätsgerechten praktischen Lebensbewältigung
- Emotionale Ausdrucksfähigkeit
- Offenheit für Einsicht, Sinnerleben und Evidenzerfahrungen
- Kommunikative Kompetenz und Beziehungsfähigkeit
- Leibliche Bewußtheit, Selbstregulation und psychophysische Entspannung
- Offenheit für Lernprozesse
- Kreative Erlebnismöglichkeiten und Gestaltungskräfte
- Ein optimistischer und positiver Blick in die Zukunft
- Ein positiver persönlicher Wertbezug
- Ein prägnantes Selbst- und Identitätserleben
- Der Wille, tragfähige soziale Netzwerke mitzugestalten
- Offenheit, solidarisch zu sein und sich Solidarität schenken zu lassen

32. Wo bekomme ich Hilfe?

Wenn alle Selbsthilfe ihre Grenzen erreicht, ist es auch eine Form sinnvoller Selbsthilfe, daß professionelle Hilfe bei Schwierigkeiten miteinander in Anspruch genommen wird.

Hilfreich ist es, grundsätzlich über verschiedene Ansätze von Eheberatung und Paartherapie informiert zu sein. In diesem Buch haben Sie den Ansatz der Integrativen Paartherapie kennengelernt. Folgende Ansätze, die zum Teil auch in der IPT aufgegriffen wurden, kann man unterscheiden:

- Ehe- und partnerschaftsvorbereitende Maßnahmen,
- Ehe- und partnerschaftsbegleitende Maßnahmen,
- Ehe- und partnerschaftstherapeutische Maßnahmen.

Ehe- und partnerschaftsvorbereitende Maßnahmen

Der Gedanke, junge Paare auf die Ehe vorzubereiten, wird in Deutschland insbesondere in der katholischen Kirche gepflegt, vor allem durch ehevorbereitende Seminare im Rahmen der Erwachsenenbildung. Sie wollen Wege zeigen, wie man als Paar leben kann. In den 50er und 60er Jahren war diese Art der Ehevorbereitung geprägt durch eine referentenorientierte Art der Vermittlung. Es hielten jeweils ein Pfarrer, ein Jurist, ein Arzt und ein Ehepartner einen Vortrag. Heute kann man eher von einer am teilnehmenden Paar und seinen Vorstellungen orientierten Vorbereitung sprechen.

Insbesondere kristallisieren sich zwei Modelle heraus. In dem einen Modell wird auf Wunsch der Teilnehmer anhand bestimmter Themen (Erwartungen an Ehe, Rollenverständnis, Sexualität, Umgang mit Konflikten etc.) durch erlebnisaktivierende Methoden in Form von Rollenspiel, Kleingruppendiskussionen etc. den Teilnehmern vermittelt, wie sie miteinander als Paar in Austausch kommen und sich zu dem Thema Ehe ihre eigene Meinung bilden können.

Das andere Modell ist ein auf Kommunikations- und Verhaltenstherapie aufgebautes Programm (EPL = Ein Partnerschaftliches Lernprogramm bzw. KEK = Konstruktive Ehe und Kommunikation). In ihm lernen Partner Grundregeln für eine partnerschaftsfördernde Kommunikation, wie etwa, „ich“ statt „man“ oder „wir“ zu sagen, also z.B. nicht: *„Wir sollten uns auch viel mehr um unsere Kinder kümmern!“* sondern: *„Ich möchte mich mehr um unsere Kinder kümmern.“* Ferner lernen die Partner, konkrete Situationen anzusprechen. Das könnte in dem vorgenannten Beispiel so lauten: *„Gestern abend habe ich mich nicht genug um unsere Kinder gekümmert.“*

Ehe- und partnerschaftsbegleitende Maßnahmen

Auch hier gibt es im Rahmen von Kirchengemeinden, aber auch in Veranstaltungen von Volkshochschulen vielfältige Angebote. Es seien genannt die eher kontinuierlichen Ehepaar- bzw. Familienkreise oder die offenen Gesprächs- und Weiterbildungsangebote zu diesem Themenkomplex, die durch die Weiterbildungsgesetze der Bundesländer gefördert werden. Allen gemein ist i.d.R. eine teilnehmerorientierte Vorgehensweise. Nach einer Klärung der Fragestellungen der Teilnehmer und einer Themenvorstellung durch den Referenten erarbeiten sich die teilnehmenden Paare ihren Standpunkt. Solche Angebote werden z.B. in den Programmen geführt unter Titeln wie: „Ehebegleitendes Seminar“ mit Inhalten wie: „Sich selbst annehmen, Miteinander streiten, Einander als Mann und Frau begegnen“. Für spezielle Zielgruppen, wie etwa Paare in der Lebensmitte oder im Alter, gibt es eigene Seminarinhalte wie: „Gestaltung der nachfamilialen Phase, Liebe und Sexualität im Alter, Selbstbesinnung in der Lebensmitte oder Liebe kennt kein Alter“.

Ehe- und partnerschaftstherapeutische Maßnahmen

Bisher gibt es kaum wissenschaftlich fundierte Vorgehensweisen für Ehe- und Paartherapie – d.h., es fehlt an einer empirischen Überprüfung von deren Wirksamkeit und Effizienz. Oftmals werden Modelle aus der Einzeltherapie auf die Arbeit mit einem Paar übertragen.

In der Klinischen Psychologie werden die Schwierigkeiten im Miteinander eines Paares als Beziehungs- und Interaktionsstörungen verstanden. So stellen Ex-Eheleute nach einer Scheidung häufig fest, daß sie bedauerlicherweise den ehemaligen Partner für das eigentliche Problem gehalten haben und nun merken, wie sie in einer zweiten Ehe oder auch als Single vor ganz ähnlichen Problemen stehen, nämlich dem Gestalten-Können von Interaktion und Kommunikation.

Daraus läßt sich folgern, daß Sie bei der Suche nach Hilfe darauf achten sollten, daß Sie – zumindest im Regelfall – durch den Berater nicht als Paar getrennt beraten werden (nach dem Motto, montags kommt die Frau, mittwochs der Mann). Wichtig ist also, daß mit Ihnen beiden an Ihren Beziehungs- und Interaktionsstörungen therapeutisch gearbeitet wird. Denn im Klären und Verstehen der Probleme, die zwischen Ihnen auftauchen, und einem Lernen neuer, passenderer Verhaltensweisen im Miteinander liegt der Schlüssel zum Erfolg einer Paartherapie.

Im folgenden werden Grundkonzepte beraterischer Verstehens- und Vorgehensweisen kurz vorgestellt. Es gilt zu betonen, daß es sich dabei nicht um die „Wirklichkeit" eines Paares als solche handelt, sondern immer nur um einen Versuch, Wirklichkeit zu erfassen und zu beschreiben. Deshalb sind solche Beschreibungen niemals fertig, sondern immer einer Überprüfung und damit Entwicklung unterworfen. Entscheidend bei der Beurteilung eines Ansatzes ist, ob er im Alltag auch einem Paar tatsächlich hilft, besser und zufriedener miteinander zu leben.

Psychoanalytische Verstehensweisen und Konzepte

Das populärste analytische Modell im deutschsprachigen Raum ist das „Kollusions-Konzept". Es geht von vier Grundmustern des unbewußten Zusammenspiels der Partner aus, die sich weitgehend mit dem psychoanalytischen frühkindlichen Entwicklungsmustern der Lust (Libido: oral, anal, phallisch) decken. Partner, die auf derselben psychosexuellen Entwicklungsstufe fixiert sind, die also auf einer gewissen kindlichen Entwicklungsstufe stehengeblieben sind, wählen gerade deshalb einander und nehmen dann innerhalb dieser Fixierung die gegensätzliche – regressive oder progressive – Position ein. Das bedeutet z.B. für ein Paar, das eine „anale" Beziehungsstörung hat, daß sie Konflikte haben in den Bereichen: Aktivität gegen Passivität, Sparsamkeit gegen Verschwendung, Ordnungsliebe/Pedanterie gegen Nachlässigkeit, Sauberkeit gegen „Beschmutzungslust". Die Konflikte entstehen dann, wenn ein Partner falsche Erwartungen hinsichtlich der Bedürfnisse des anderen hatte, entweder durch Wahrnehmungsverzerrung oder Projektion.

Ein Konflikt entsteht auch, wenn einer der Partner z.B. aus der progressiven Position ausbrechen möchte, wenn etwa in einer „oralen Kollusion" der bis jetzt versorgende und umsorgende Partner die eigene Bedürftigkeit entdeckt und selbst einmal verwöhnt werden will, gleichzeitig der bisher „regressive" aber nicht bereit ist, in die „progressive Position" des Versorgenden zu wechseln.

Empirische Befunde zu diesem Modell, das die Ursachen schwerer Ehekonflikte in den Beziehungserfahrungen der frühen Kindheit vermutet, oder auch solche zu der These der komplementären Partnerwahl, gibt es nicht.

Systemtheoretische Verstehensweisen und Konzepte

In der Systemtheorie wird die Familie, das Paar, als ein sich selbst organisierendes, von anderen abgrenzbares und aus einzelnen Gliedern bestehendes System verstanden, das untereinander in konstanter Beziehung steht. Das System versucht, sich durch die Homöostase im Gleichgewicht zu halten. Diese wird durch Feedback-Schleifen erreicht. Auf dieser Grundlage entwickelten sich verschiedene Formen der Familientherapie, die Störungen als systembedingt ansehen und eine Therapie nur dann als erfolgversprechend ansehen, wenn alle Systemmitglieder in den Heilungsprozeß einbezogen werden.

Auch hier stehen empirische Fundierungen noch aus. Erwähnenswert ist aber, daß der systemtheoretische Ansatz wichtige Impulse für die Durchführung von Paartherapien gegeben hat, durch seine Kritik an der linearen Kausalität und durch Fokussierung auf die dyadische Beziehung statt auf den einzelnen Partner.

Lerntheoretische Verstehensweisen und Konzepte

Lerntheoretische Konzepte zur Erklärung des Erfolges oder Scheiterns einer Ehe werden vor allem aus den Annahmen der sozial-kognitiven Lerntheorie und der sozialen Austauschtheorie entwickelt. Danach gehen die Partner mit ihren Erwartungen an den jeweils anderen – welche sich sowohl aus Bildern, die jeder in die Beziehung mitbringt, als aus dem alltäglichem Miteinander speisen – in einer sich gegenseitig zum Negativen verstärkenden Weise um. Diese kontinuierliche Verschlechterung wird zu einem „Zwangsprozeß“. Durch Training von Kommunikations- und Problemlösefertigkeiten lernen die Partner angemessenere Interaktionsformen. Die Annahmen der auf dieser Basis entwickelten Verfahren konnten durch empirische Untersuchungen im wesentlichen bestätigt werden.

Beendigung der Beziehung durch Trennung und Scheidung

Ein leider immer populärer werdender Weg, mit Partnerschaftskrisen umzugehen, ist der der Scheidung des Paares. Damit diese mit möglichst wenig zerschlagenem Porzellan und zerstörtem Selbstbewußtsein endet, wurde die Form der Mediation entwickelt. Ziel ist eine „Scheidung ohne Verlierer“. Mit Hilfe eines Vermittlers lernen die Partner, über strittige Punkte zu verhandeln und eigenverantwortliche Lösungen zu entwickeln. Da die Betroffenen selbst eine Lösung entwickeln, werden sie in ihrer Autonomie gestärkt. Von den Mediatoren wird diese Arbeit mit der Hoffnung verknüpft, daß sich solche Vereinbarungen auch in der Zukunft bewähren und so künftige Konflikte vermieden oder zumindestens verringert werden. Psychologische Ursachen, die zum Auseinanderleben geführt haben, werden dabei nicht bearbeitet. Auch bei diesem, aus den USA kommenden Ansatz, fehlt die wissenschaftliche Überprüfung seiner Wirksamkeit.

Paartherapeutische Maßnahmen aus Sicht der Forschung

Leider gibt es erst sehr wenige Studien über Paartherapie. Diese wurden überwiegend von verhaltenstherapeutisch orientierten Psychologen in den USA durchgeführt. Aus diesen wenigen Ergebnissen der Psychotherapieforschung lassen sich allerdings wichtige Folgerungen für die Vorgehensweise in Eheberatung und Paartherapie ableiten.

Für den Erfolg einer Therapie ist es wichtig, daß die Partner mehr Verständnis füreinander gewinnen, indem sie kennenlernen, wie jeder einzelne von ihnen aufgrund seiner Herkunftsfamilie und seiner Lebensgeschichte so geworden ist, wie er ist. Man kann also von einem einsichtsorientierten Teil der Therapie sprechen. In einem anderen Teil stehen bewältigungs- und lösungsorientierte Vorgehensweisen im Vordergrund, also das Erlernen von besserer Kommunikation und Problemlösungsstrategien.

Ferner konnte die Forschung belegen, daß für die Heilung von Beziehungsstörungen die Arbeit in und mit einer Gruppe das geeignete „Heilmittel" ist. Diese werden dort nicht nur besser erkannt, sondern es bestehen auch viel bessere Möglichkeiten, neues Verhalten zu lernen, wenn die Ratsuchenden in einem Kreis mehrerer Personen an ihren Schwierigkeiten arbeiten, als in der traditionellen Zweier-Beziehung zwischen Therapeut und Klient.

Die Integrative Paartherapie (IPT)

Die IPT, die Grundlage dieses Buches ist, orientiert sich an den Erkenntnissen der Psychotherapieforschung. Die Partner sollen aufgrund ihrer Lebensgeschichte verstehen lernen, warum der einzelne so und nicht anders handelt. Hierbei kommen insbesondere psychoanalytische Erklärungsmodelle zum Tragen, die plausibel verstehbar machen können, was sich an Ärger, Belastungen und Verletzungen zwischen zwei Partnern ereignet. Durch eine psychoedukative Verhaltenstherapie werden die Beteiligten befähigt, ihr Zusammenleben in Form der Partnerschaft zu gestalten. Dabei wird davon ausgegangen, daß Menschen in einen lebenslangen Lern- und Entwicklungsprozeß eingebunden sind, d.h. daß sie auch im hohen Alter in der Lage sind, ihre Beziehung so zu verändern, daß sie zufriedener und glücklicher miteinander leben.

Diese Verstehensprozesse füreinander und die Veränderungen im Miteinander vollziehen sich insbesondere in und mit Gruppen. Paare entdecken, daß das, was sich dort abspielt, ihnen einerseits vertraut ist: „*Der gleiche Ärger wie zu Hause*", andererseits sind sie erstaunt über die Möglichkeit, ganz neue Erfahrungen miteinander zu machen: „*So hätten wir zu Hause nie über Sexualität gesprochen.*" So sind in IPT-Gruppen das authentische Erleben ebenso wie die Fähigkeiten und Ressourcen der Ratsuchenden ein wichtiges „Kapital", Klärungs- und Bewältigungsprozesse zu initiieren und zu begleiten.

In der Methodik der IPT steht der Blick auf die Situation des einzelnen Paares vor, während und nach der Therapie im Vordergrund, gruppendynamische Prozesse und Entwicklungen treten in den Hintergrund. Man kann also von einer Einzelfallorientierung unter Einbezug der Möglichkeiten einer Gruppe sprechen. Die Gruppenarbeit verläuft in einem ausgesprochen angenehmen und akzeptierenden Gruppenklima. Gruppenkonflikte und gruppendynamische Verwicklungen kommen so gut wie nie vor. Das hat oftmals zur Folge, daß nach Beendigung der „offiziellen" Gruppentherapie die Klienten in Eigenverantwortung als Selbsthilfegruppe den Prozeß fortführen.

Dieser Ansatz von Eheberatung und Paartherapie hat sich in den letzten sieben Jahren im Rahmen der Beratungsstelle für Ehe-, Familien- und Lebensfragen Hagen-Iserlohn-Menden bewährt. Über 50 Gruppentherapien (ca. 40-60 Stunden) wurden bisher durchgeführt. Die Effektivität und Effizienz dieses Ansatzes wurde vom Autor wissenschaftlich begründet und evaluiert.

Anschriften

Im folgenden werden Adressen genannt, bei denen Sie um Eheberatung und/oder ehevorbereitende, -begleitende, -therapeutische Seminare und Gruppen nachfragen können. Dabei erheben die angegebenen Anschriften nicht den Anspruch, vollständig zu sein bzw. für die Qualität der angebotenen Hilfen zu bürgen. Darüber hinaus erhalten Sie Auskunft bei kommunalen Jugendämtern und im Telefonbuch. Oftmals wird in Erziehungsberatungsstellen ebenfalls Eheberatung durchgeführt. Bei Einrichtungen der Erwachsenenbildung, wie Volkshochschulen, Akademien, Bildungswerken können Sie ebenfalls Angebote ehebegleitender und therapeutischer Art finden.

Für jeden Ratsuchenden ist es wichtig, im Erstkontakt zu spüren, ob er dort auch die Hilfe bekommt, die er sucht. Wenn Sie beim ersten Kontakt nicht zufrieden sind, sich nicht richtig verstanden oder aufgenommen fühlen, ist es sinnvoll, noch andere Berater und Therapeuten aufzusuchen (Kriterien zur Auswahl finden sich am Schluß von Kapitel 2).

1. Eheberatungsstellen

(Erkundigen Sie sich, ob ggf. paartherapeutische Gruppen angeboten werden.)

01099 Dresden, Bautzner-Str. 49, Tel.: 0351/8044430
01277 Dresden, Schneebergstr. 27, Tel.: 0351/3401105
01744 Dippoldiswalde, Schuhgasse 12, Tel.: 03504/617068
01796 Pirna, Rosa-Luxenburg-Str. 2, Tel.: 03501/560111
02826 Görlitz, Wilhelmsplatz 2, Tel.: 03581/47130
03044 Cottbus, Karl-Marx-Str. 14, Tel.: 0355/25064
03046 Cottbus, Südstr. 1, Tel.: 0355/25064
03238 Finsterwalde, Brunnenstr. 8, Tel.: 03531/700489
04105 Leipzig, Emil-Fuchs-Str. 5-7, Tel.: 0341/9830071
04720 Döbeln, Otto-Johnsen-Str. 4, Tel.: 03431/71260
06108 Halle, Bernburger Str. 31, Tel.: 0345/3880987
06406 Bernburg, Altstädter Kirchhof 10, Tel.: 03471/352039
06846 Dessau, Puschkinallee 1, Tel.: 0340/615426 o. 619158
07548 Gera, Curiestr. 1a, Tel.: 0365/52825
07973 Greiz, Kirchplatz 3, Tel.: 03661/2617
08209 Auerbach, Herrenwiese 9a, Tel.: 03744/831215
09130 Chemnitz, Ludwig-Kirsch-Str. 13, Tel.: 0371/4320835
09130 Chemnitz, Glockenstr. 5-7, Tel.: 0371/4334124/125
09366 Stollberg, Bahnhofstr. 1, Tel.: 037296/78722/7870
10115 Berlin, Große Hamburger Str. 18-19, Tel.: 030/2833224
10317 Berlin, Nöldner Str. 43, Tel.: 030/5220649
13088 Berlin, Gürtelstr. 8, Tel.: 030/96253912
13189 Berlin, Borkumstr. 22, Tel.: 030/4733920/21
14482 Potsdam, Plantagenstr. 23-24, Tel.: 0331/710298/99
14770 Brandenburg, Parduin 9, Tel.: 03381/522594
15232 Frankfurt/O., Leipziger Str. 39, Tel.: 0335/5654130
15344 Strausberg, Prötzeler Chaussee 5, Tel.: 03341/312132
16225 Eberswalde, Karl-Liebknecht-Str. 3, Tel.: 03334/206116
17033 Neubrandenburg, Katharinenstr. 65, Tel.: 0395/5443608
17192 Waren, Kietzstr. 5, Tel.: 03991/3532
17235 Neustrelitz, Strelitzer Str. 28a, Tel.: 03981/3041
17335 Strasburg, Feldstr. 1, Tel.: 039753/22775
17389 Anklam, Friedländer Str. 44, Tel.: 03971/212266
17489 Greifswald, Bahnhofstr. 16, Tel.: 03834/2181 o. 898925
17489 Greifswald, Brüggstr. 45, Tel.: 03834/897622
18055 Rostock, Trägerstr. 10, Tel.: 0381/4904085
18435 Stralsund, Hans-Fallada-Str. 10, Tel.: 03831/390704
18528 Bergen, Bahnhofstr. 34, Tel.: 03838/24166
19053 Schwerin, Schloßstr. 24, Tel.: 0385/555178
20099 Hamburg, An der Alster 11, Tel.: 040/246524
21073 Hamburg, Julius-Ludowieg-Str. 41, Tel.: 040/773532
21073 Hamburg, Hölterwiete 5, Tel.: 040/76604160
21244 Buchholz, Am langen Sal 1, Tel.: 04181/644446/49
21335 Lüneburg, Kefersteinstr. 16, Tel.: 04131/48898

21614 Buxtehude, Hansestr. 1, Tel.: 04161/61050/58
23552 Lübeck, Parade 8, Tel.: 0451/78205
23552 Lübeck, Hüxterdamm 18, Tel.: 0451/794362
23843 Bad Oldesloe, Bahnhofstr. 6, Tel.: 04531/87399
23966 Wismar, Mecklenburger Str. 30, Tel.: 03841/210140
24105 Kiel, Adolfstr. 31, Tel.: 0431/562606
24534 Neumünster, Augustastr. 2, Tel.: 04321/14729
24937 Flensburg, Hafendamm 31a, Tel.: 0461/24864
25524 Itzehoe, Kaiserstr. 18, Tel.: 04821/91066/67
25813 Husum, Theodor-Storm-Str. 7, Tel.: 04841/2633 o. 2710
26123 Oldenburg, Milchstr. 6, Tel.: 0441/980760
26389 Wilhelmshaven, Bismarckstr. 257, Tel.: 04421/73717
26871 Papenburg, Hauptkanal rechts 30, Tel.: 04961/3456
27211 Bassum, Lange Wand 16, Tel.: 04241/1003
27232 Sulingen, Schmelingstr. 43, Tel.: 04271/6575
27749 Delmenhorst, Kirchplatz 20, Tel.: 04421/14131
28195 Bremen, Domsheide 2, Tel.: 0421/333563
29525 Uelzen, Ringstr. 6, Tel.: 0581/70092
30853 Langenhagen, Ostpassage 3, Tel.: 0511/723804
30880 Laatzen, Kiefernweg 2, Tel.: 0511/823299
30952 Ronnenberg, Am Kirchhof 4, Tel.: 05109/790944/42
31134 Hildesheim, Andreasplatz 5/6, Tel.: 05121/37422
31515 Wunstorf, Stiftstr. 5, Tel.: 05031/14467
31737 Rinteln, Bäckerstr. 8, Tel.: 05751/96210
32052 Herford, Löhrstr. 9, Tel.: 05221/15405 o. 15442
32423 Minden, Vinckestr. 1a, Tel.: 0571/23232 o. 84457
32423 Minden, Pauline-v.-Mallinckrodt-Pl. 3, Tel.: 0571/26383
33034 Brakel, Kirchplatz 1, Tel.: 05272/371460
33098 Paderborn, Giersmauer 21, Tel.: 05251/26071
33142 Büren, Am Hühnerberg 2, Tel.: 05251/26071
33330 Gütersloh, Unter den Ulmen 23, Tel.: 05241/58951
33602 Bielefeld, Turnerstr. 2, Tel.: 0521/9619180
34117 Kassel, Obere Karlstr. 3, Tel.: 0561/17356
34414 Warburg, Papenheimer Str. 8, Tel.: 05272/371460
34497 Korbach, Westwall 8, Tel.: 0291/7818
35390 Gießen, Ludwigplatz 10, Tel.: 0641/31991
35587 Wetzlar, Brühlsbachstr. 27, Tel.: 06441/27677
37327 Leinefelde, Bahnhofstr. 1, Tel.: 03605/518787
37671 Höxter, Brenkhäuser Str. 1, Tel.:, Tel.: 05271/18213
38440 Wolfsburg, Friedrich-Ebert-Str. 7, Tel.: 05361/13162
39104 Magdeburg, Max-Josef- Metzger-Str. 3, Tel.: 0391/5961189
41061 Mönchengladbach, Bettrather Str. 26, Tel.: 02161/898788
41812 Erkelenz, Westpromenade 13, Tel.:, Tel.: 02431/2032
42103 Wuppertal, Kirchstr. 9, Tel.: 0202/456111

42275 Wuppertal, Paul-Humburg-Str. 10, Tel.: 0202/557744
42551 Velbert, Bahnhofstr. 5, Tel.: 02051/4297
44137 Dortmund, Propsteihof 10, Tel.: 0231/1848225
44575 Castrop-Rauxel, Lambertusplatz 16, Tel.: 0231/1848225
44623 Herne, Glockenstr. 7, Tel.: 02323/50007
44623 Herne, Schaeferstr. 8, Tel.: 02323/53048
44787 Bochum, Huestr. 15, Tel.: 0234/17979
44866 Bochum, Weststr. 5, Tel.: 02327/301545
45127 Essen, Bernestr. 5/Steeler Str. 36, Tel.: 0201/233888
45470 Mülheim/Ruhr, Kuhlendahl 63, Tel.: 0208/3000880
45527 Hattingen, St. Joseph-Str. 22, Tel.: 02324/6911
45879 Gelsenkirchen, Kirchstr. 51, Tel.: 0209/204545
45894 Gelsenkirchen, Hochstr. 47, Tel.:, Tel.: 0209/204545
45894 Gelsenkirchen-Buer, Urbanusstr. 13c, Tel.: 0209/37344/45
45964 Gladbeck, Humboldtstr. 21, Tel.: 02043/2799-0
46045 Oberhausen, Elsa-Brändström-Str. 11, Tel.: 0208/8599663
46236 Bottrop, Paßstr. 2, Tel.: 02041/69020 o. 690246
46438 Wesel, Herzogenring 22, Tel.: 0281/22769
47051 Duisburg, Wieberplatz 2, Tel.: 0203/281040
47166 Duisburg, An der Abtei 1, Tel.: 0203/554120 o. 554129
47798 Krefeld, Dionysiusplatz 24, Tel.:, Tel.: 02151/64620 o. 64628
48529 Nordhorn, Hauptstr. 10-12, Tel.: 05921/77888
49078 Osnabrück, Lotterstr. 23, Tel.: 0541/42044
49124 Georgsmarienhütte, Glückaufstr. 2, Tel.: 05401/5021 o. 22
49593 Bersenbrück, Hasestr. 5, Tel.: 05439/1390 o. 2750
49702 Meppen, Versener Str. 30, Tel.: 05931/12050
49808 Lingen, Bernd-Rosemeyer-Str. 5, Tel.: 0591/4021
50321 Brühl, Schloßstr. 2, Tel.: 02232/13196
50667 Köln, Steinweg 12, Tel.: 0221/2051514
51465 Bergisch Gladbach, Hauptstr. 227, Tel.: 02202/34918
52062 Aachen, Annastr. 25, Tel.: 0241/20085
52062 Aachen, Kapuzinergraben 15-17, Tel.: 0241/32047
52152 Simmerath, Kirchplatz 1, Tel.: 02473/87015
52349 Düren, Aachener Str. 25, Tel.: 02421/52623
52428 Jülich, Stiftsherrenstr. 7a, Tel.: 02421/52623
52525 Heinsberg, Patersgasse 3, Tel.: 02452/23646
53113 Bonn, Am Neutor 2, Tel.: 0228/630455
57072 Markt Schwaben, Zinngießerstr. 33, Tel.: 08121/46333
57072 Siegen, Burgstr. 21, Tel.: 0271/21038
57072 Siegen, Obergraben 27, Tel.: 0271/57617
57462 Olpe, Kölner Str. 2, Tel.: 0271/57617
58089 Hagen, Buscheystr. 33, Tel.: 02331/9058-322
58091 Hagen, Hohle Str. 19a, Tel.: 02331/73434
58239 Schwerte, Goethestr. 22, Tel.: 02304/16761

58285 Gevelsberg, Hagener Str. 130, Tel.: 02332/60063 o. 60882
58332 Schwelm, August-Bendler-Str. 14, Tel.: 02336/82043
58509 Lüdenscheid, Graf-von-Galen-Str. 6, Tel.: 02351/905252
58636 Iserlohn, Friedrichstr. 7, Tel.: 02371/29363
58706 Menden, Walburgisstr. 18, Tel.: 02373/2334
58762 Altena, Lüdenscheider Str. 4, Tel.: 02352/21888
58840 Plettenberg, Bahnhofstr. 86, Tel.: 02352/21888
59071 Hamm, Elchstr. 12, Tel.: 02381/83349
59494 Soest, Postgasse 2, Tel.: 02921/14135
59494 Soest, Propst-Nübel-Str. 1, Tel.: 02921/15020
59555 Lippstadt, Woldemei 12, Tel.: 02941/57575
59821 Arnsberg, Ringlebstr. 10, Tel.: 0291/7818
59872 Meschede, Schützenstr. 10, Tel.: 0291/50081
59872 Meschede, Stiftsplatz 9, Tel.: 0291/7818
59929 Brilon, Gartenstr. 26, Tel.: 0291/7818
61169 Friedberg/Hessen, Leonhardtstr. 16, Tel.: 06031/14959
63225 Langen, Bahnstr. 32, Tel.: 06103/929642
64287 Darmstadt, Darmstr. 2, Tel.: 06151/425541
65185 Wiesbaden, Moritzstr. 8/II, Tel.: 0611/379961
65428 Rüsselsheim, Weserstr. 34, Tel.: 06142/13064/5
66953 Pirmasens, Luisenstr. 30, Tel.: 06331/41141
67059 Ludwigshafen, Bismarckstr. 91, Tel.: 0621/514066
67346 Speyer, Johannesstr. 30, Tel.: 06232/620324
67433 Neustadt, Landschreibereistr. 6, Tel.: 0632/88615
67547 Worms, Seminariumsgasse 1, Tel.: 06241/27514
67655 Kaiserslautern, Marktstr.35, Tel.: 0631/760075
68159 Mannheim, Tel.:, Tel.: 0621/28000
68159 Mannheim,D6, 9-11, Tel.: 0621/155333
69117 Heidelberg, Karl-Ludwig-Str. 6, Tel.: 06221/20164
69117 Heidelberg, Merianstr. 1, Tel.: 06221/24171
69151 Neckargmünd, Marktplatz 10, Tel.: 06223/3135
70173 Stuttgart, Calwer Str. 25, Tel.: 0711/294775
70174 Stuttgart, Ruf u. Rat, Hospitalstr. 26, Tel.: 0711/2262055
70597 Stuttgart, Jahnstr. 30, Tel.: 0711/9791-224
71636 Ludwigsburg, Wernerstr. 85, Tel.: 07141/464049
72074 Tübingen, Brückenstr. 6, Tel.: 07071/26073
72160 Horb/Necker, Marktplatz 27, Tel.: 07451/3844
72458 Albstadt-Ebingen, Bahnhofstr. 26, Tel.: 07431/13418-0
72488 Sigmaringen, In der Vorstadt 2, Tel.: 07571/5787
72764 Reutlingen, Gartenstr. 17, Tel.: 07121/334547
73312 Geislingen/St., Uracher Str. 31, Tel.: 07331/64064
73430 Aalen, Weidenfelder Str.12, Tel.: 07361/59080
73728 Esslingen, Urbanstr. 14, Tel.: 0711/353801
74072 Heilbronn, Weinsberger Str. 45, Tel.: 07131/161416

74722 Buchen, Walldürnerstr. 2, Tel.: 06281/2356
74821 Mosbach, Lohrtalweg 33, Tel.: 06261/92010
75172 Pforzheim, Baumgäßchen 1, Tel.: 07231/7955
75172 Pforzheim, Baumgäßchen 1, Tel.: 07231/17955
76135 Karlsruhe, Nelkenstr. 17, Tel.: 0721/842288
76135 Karlsruhe, Nelkenstr. 17, Tel.: 0721/842288
76530 Baden-Baden, Stefanienstr. 9, Tel.: 07221/22000
76530 Baden-Baden, Stefaniestr. 9, Tel.: 07221/22000
76646 Bruchsal, Friedrichsplatz 4, Tel.: 07251/88929
76829 Landau, Königstr. 42, Tel.: 06341/20918
77652 Offenburg, Okenstr. 12, Tel.: 0781/922240
77652 Offenburg, Gaswerkstr. 5, Tel.: 0781/925060
77933 Lahr/Schw., Alleestr. 2, Tel.: 07821/26303
77933 Lahr, Kaiserstr. 85, Tel.: 07821/24338
78050 Villingen, Kanzleigasse 30, Tel.: 07721/51090
78224 Singen, Hegaustr. 41, Tel.: 07731/63888
78462 Konstanz, Obere Laube 62, Tel.: 07531/27020
78462 Konstanz, Obere-Laube 75, Tel.: 07531/23210
78537 Tuttlingen, Bogenstr. 2, Tel.: 07461/6047
78628 Rottweil, Königstr. 47, Tel.: 0741/246130
79098 Freiburg, Dreisamstr. 7, Tel.: 0761/3689122
79098 Freiburg, Jacob-Burckhardt-Str. 13, Tel.: 0761/3868920
79539 Lörrach, Belchenstr. 4, Tel.: 07621/88128
79539 Lörrach, Schwarzwaldstr. 1, Tel.: 07621/3087
79713 Bad Säckingen, Rathausplatz 17, Tel.: 07761/1680
80336 München, Landwehrstr. 15, Tel.: 089/590480
80336 München, Rückertstr. 9, Tel.: 089/5443110
82024 Taufkirchen, Pappelstr. 2, Tel.: 089/6140437
82110 Germering, Otto-Wagner-Str. 11, Tel.: 089/8416011
82256 Fürstenfeldbruck, Kapuzinerstr. 13, Tel.: 08141/33753
82515 Wolfratshausen, Moosbauerweg 68, Tel.: 08171/16716
83022 Rosenheim, Reichenbachstr. 3, Tel.: 08031/381850
83209 Prien, Seestr. 23, Tel.: 08051/1323
83278 Traunstein, Marienstr. 5, Tel.: 0861/6116
83395 Freilassing, Lindenstr. 6, Tel.: 08654/494314
83435 Bad Reichenhall, Adolf-Schmidt-Str. 6/I, Tel.: 08651/63100
83435 Bad Reichenhall, Salzburger Str. 30, Tel.: 08651/2025
83471 Berchtesgaden, Am Rathausplatz 19, Tel.: 08652/2943
83607 Holzkirchen, Tegernseer Str. 12/I, Tel.: 08024/3656
83646 Bad Tölz, Salzstr. 1, Tel.: 08041/71921
83700 Rottach-Egern, Seestr. 4, Tel.: 08022/24949
83714 Miesbach, Kolpingstr. 22, Tel.: 08025/3023
84034 Landshut, Gabelbergerstr. 46, Tel.: 0871/609360/61
84453 Mühldorf, Weißgerberstr. 2, Tel.: 08631/15618

84503 Altötting, Kapellplatz 8, Tel.: 08671/1862
85049 Ingolstadt, Jesuitenstr. 4, Tel.: 0841/309111
85072 Eichstätt, Kardinal-Preysing-Platz 3, Tel.: 08421/903050
85072 Eichstätt, Luitpoldstr. 2, Tel.: 08421/50-624
85221 Dachau, Mittermayerstr. 13, Tel.: 08131/55486
85354 Freising, Kesselschmiedstr. 10/II, Tel.: 08161/3366
85435 Erding, Dorfener Str. 7, Tel.: 08122/93764
85521 Ottobrunn, Gartenstr. 7/I, Tel.: 089/6085202013
85540 Haar, Am Jagdfeld, Jagdfeldring 14, Tel.: 089/4623670
85560 Ebersberg, Hindenburg Allee 1, Tel.: 08092/22218
85716 Unterschleissheim, Im Klosterfeld 14b, Tel.: 089/321832-33
86152 Augsburg, Spenglergäßchen 7a, Tel.: 0821/3204104
86381 Krumbach, Bahnhofstr. 44, Tel.: 08282/5106
87700 Memmingen, Martin-Luther-Platz 6, Tel.: 08331/7580
88045 Friedrichshafen, Katharinenstr. 16, Tel.: 07541/24041
88212 Ravensburg, Allmandstr. 10, Tel.: 0751/32479
88662 Überlingen, Münsterplatz 5, Tel.: 07551/63117
89077 Ulm, Spielmannsgasse 6, Tel.: 0731/37505
90408 Nürnberg, Pilotystr. 15+19, Tel.: 0911/352400
90419 Nürnberg, Sandrartstr. 43, Tel.: 0911/3780303
90473 Nürnberg Giesbertsstr. 67a, Tel.: 0911/808160
91052 Erlangen, Mozartstr. 29, Tel.: 09131/29302
91154 Roth, Weinbergweg 10, Tel.: 09171/4000
91207 Lauf/Peg., Altdorfer Str. 45, Tel.: 09123/4001
91301 Forchheim, Hauptstr. 20, Tel.: 09191/60636
91522 Ansbach, Karlsplatz 3, Tel.: 0981/2349
91522 Ansbach, Karolinenstr. 29, Tel.: 0981/969060
92318 Neumarkt, Hofplan 5, Tel.: 09181/6117
93047 Regensburg, Landshuter Str. 16, Tel.: 0941/51670
94032 Passau, Höllgasse 29, Tel.: 0851/34337
95028 Hof/S., Klostertor 2, Tel.: 09281/837200
95028 Hof/S., Wörthstr. 8, Tel.: 09281/3594
95326 Kulmbach, Bauergasse 3, Tel.: 09221/957427
95444 Bayreuth, Bürgerreuther Str. 7a, Tel.: 0921/27977
95444 Bayreuth,Schulstr. 15, Tel.: 0921/20483
96047 Bamberg, Hauptwachstr. 32, Tel.: 0951/201000
96215 Lichtenfels, Schloßberg 2, Tel.: 09571/939100
96317 Kronach, Adolf-Kolping-Str. 18, Tel.: 09261/605629
97421 Schweinfurt, Luitpoldstr. 14, Tel.: 09721/23638
97877 Wertheim, Vaitsgasse 4, Tel.: 09342/3719
97941 Tauberbischofsheim, Schloßplatz 6, Tel.: 09341/92200
98527 Suhl, Hohe Röder 1, Tel.: 03681/304821
99084 Erfurt, Mainzerhofstr. 11, Tel.: 0361/6422716
99096 Erfurt, Schillerstr. 52, Tel.: 0361/6462313
99310 Arnstadt, Rosenstr. 11, Tel.: 03628/76193

2. Koordinationsstellen für ehevorbereitende, -begleitende und therapeutische Gruppenangebote (z.B. EPL)

9000 CH-St. Gallen, Frongartenstr. 11
14052 Berlin, Westendallee 54
14057 Berlin, Wundtstr. 48-50, Tel.: 030/32684112
22087 Hamburg, Graumannsweg 42
31134 Hildesheim, Domhof 18-21
33098 Paderborn, Domplatz 3
38106 Braunschweig, (Cristian Dornier Stiftung) K.U, Tel.: 0531/391-2865
48143 Münster, Rosenstr. 16
48167 Münster, Bachstr. 13 (Polednitschek), Tel.: 0251/614768
48653 Coesfeld, Wiesenstr. 14, Tel.: 02541/4001
49074 Osnabrück, Domhof 12
49661 Cloppenburg, Geschwister-Scholl-Str. 15
52062 Aachen, Klosterplatz 7
54290 Trier, Hinter dem Dom 6
55116 Mainz, Grebenstr.
55116 Mainz, Bischofsplatz 2, Tel.: 06131/253253
59955 Winterberg-Elkeringhausen, St. Bonifatius, Tel.: 02981/7027
65549 Limburg, Roßmarkt 12
67346 Speyer, Kleine Pfaffengasse 16
69115 Heidelberg, Eisenlohrstr. 7
70597 Stuttgart, Jahnstr. 30
72519 Veringendorf, Pfarrhaus
74722 Buchen, Haagstr. 10
76199 Karlsruhe, Rechts der Alb 28
77652 Offenburg, Gaswerkstr. 5
78050 VS-Villingen, Kanzleigasse 30
78224 Singen, Zelglestr. 4
79100 Freiburg, Schauinslandstr. 43
79108 Freiburg, Okenstr. 15
79761 Waldshut-Tiengen, Bismarckstr. 13
80333 München, Rochusstr. 5
85072 Eichstätt, Luitpoldstr. 2, Tel.: 08421/50293
86152 Augsburg, Auf dem Kreuz 58
94032 Passau, Domplatz 6a, Tel.: 0851/393339
96049 Bamberg, Jakobsplatz 9

Literatur

Cöllen, M.: *Das Paar*. Kösel, München 1986.

Dornes, M.: *Der kompetente Säugling. Die präverbale Entwicklung des Menschen.* Fischer, Frankfurt 1993.

Engl, J. & Thurmaier, F.: *Wie redest Du mit mir? Fehler und Möglichkeiten in der Paarkommunikation.* Herder, Freiburg 1992.

Fiedler, P.: *Persönlichkeitsstörungen*. Beltz, Weinheim 1995.

Goldschmidt, H.-L.: *Philosophie als Dialogik.* Passagen, Wien 1948/1993.

Grawe, K., Donati, R. & Bernauer, F.: *Psychotherapie im Wandel. Von der Konfession zur Profession.* Hogrefe, Göttingen 1994.

Hahlweg, K.: Beziehungs- und Interaktionsstörungen, in: Reinecker, H.: *Lehrbuch der Klinischen Psychologie.* Hogrefe, Göttingen 1994.

Kanfer, F.H., Reinecker, H. & Schmelzer, D.: *Selbstmanagement-Therapie.* Springer, Heidelberg 1991/1996.

Levinas, E.: *Die Spur des Anderen.* Alber, Freiburg 1992.

Masters, W.H. & Johnson, V.E.: *Impotenz und Anorganismus. Zur Therapie funktioneller Sexualstörungen.* Goverts, Frankfurt 1973.

Petzold, H.: *Integrative Therapie. Schriften zu Theorie, Methodik und Praxis.* 3 Bände, Junfermann, Paderborn 1993.

Plesse, S. & Clair, B.S.: *Feuer der Sinnlichkeit – Licht des Herzens.* Jeunesse Verlagsanstalt, Vaduz 1988.

Sanders, R.: *Integrative Paartherapie – eine pädagogische Intervention zur Förderung der Beziehung zwischen Frau und Mann als Partner. Grundlagen – Praxeologie – Evaluation.* Peter Lang Verlag, Frankfurt 1997.

Vopel, K.: *Höher als die Berge, tiefer als das Meer. Phantasiereisen für Neugierige.* Iskopress, Salzhausen 1993.

Zilbergeld, B.: *Männliche Sexualität.* DGVT-Verlag, Tübingen 1983.